Publications International, Ltd.

Time for a Holiday Puzzle Break?

Relax and de-stress with some holiday-themed word searches! Word puzzles give your mind a fun and focused activity without being *too* challenging. They're just right for a coffee break, daily commute, or while you're waiting for those Christmas cookies to finish baking.

This book contains 84 word search puzzles in a familiar format. Look at the word list and then try to find the words in the puzzle grid on the facing page. Words can be found in a straight line horizontally, vertically, or diagonally. Some people like to search by looking for the first letter of the word. Others find it more helpful to focus on an uncommon letter. Experimentation can help you grasp the strategy that best suits you. Searching for double letters can assist in pinpointing a location too. If you get stuck, just check the answer section in the back of the book. Happy holiday puzzling!

Rudolph's Nose

Every word listed is contained within the group of letters. Words can be found in a straight line horizontally, vertically, or diagonally. They may be read either forward or backward.

BRIGHT

BRILLIANT

CERISE

CRIMSON

DAZZLING

DIRECTS

FRONT

GLOWING

GUIDING

HEAD

ILLUMINATES

LEADER

LIBERATE

LIGHT

MYSTERIOUS

NIGHTLY

PECULIAR

PILOT

POWERFUL

PRECEDE

RED

RESCUE

ROSY

RUBICUND

RUBY

RUDDY

SHINY

STEER

SUPERNATURAL

VIVID

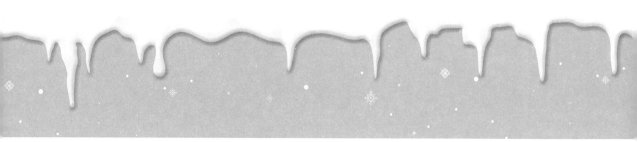

Answers on page 172

```
R Y P M F E H R Y P R U D D Y J U
W E A T S G Y A L N S H I N Y M F
J G D I V B J I T W G O V E D R G
Z E R A U Z D L H U O I C U A E H
M E T R E Y B U G A G R I C Z E W
C N J A C L L C I O I P D S Z T N
M D P M R B T E N M L Z A E L S J
N M L R U E V P S C L J E R I R L
M R Y D E P B O C P U E H I N Q F
K P F S X C N I O K M G Y Y G R Q
L I E C T B E W L T I G X N O H I
H I Y S P E E D N K N G E N N N I
V Y G Q T R R A E I A L T I U S C
W I Z H F C I I D L T O P V R J T
B X V U T L E I O B E W I V D N Z
D R L I L H U R R U S I L H X P B
T T I I D G V M I E S N O R O S Y
V W R G W P X L C D D G T Y B P I
Y B J F H S U P E R N A T U R A L
O N Y N M T K U B D N U C I B U R
```

Santa's Workshop

Every word listed is contained within the group of letters. Words can be found in a straight line horizontally, vertically, or diagonally. They may be read either forward or backward.

ASSORTMENT	GIFTS	PARTS
BOWS	GLIMMERING	RIBBONS
BOXES	GLITTERING	SAW
CANDY	HAMMER	SECRET
CEASELESS	INVENTORY	SPARKLING
CHARMS	LIGHTS	SPECIAL
DOLLS	LISTS	STRING
ELVES	MAGIC	TOOLS
ENCHANTING	MYSTERY	TOYS
FANCY	NAILS	WOODEN

```
S S H G L I M M E R I N G G C C V
E C N S K Q K O W D G J C N U E T
X U T V L R Z C N L F C G I L L N
O D M N K O H G I A P F R R I V X
B O R X E A O T P A R T S T G E C
I L Z E R M T T I S P A E S H S Q
E L R M M E T B E N H P N P T S D
S S S O R M T R I E V P E P S L N
N A D I Q M A V O S M E F L S I V
O I N D H M Q H H S F Y N E J A D
B G I K W A Q J H I S G C T H N U
B V C W S G I U S R N A S N O Q O
I M E E Y I T Y C I L T B G A R J
R V A E J C O A L W F A B O S F Y
V J S F V T N K V I A W I S W M K
A V E P H D R P G F S S O C B S Y
J A L F Y A M Y S T E R Y O E Y U
N G E K P K I T E R C E S Q D P S
V T S S X G N I T N A H C N E E S
I Y S B Q O M L I S T S W Z C A N
```

Holiday Spice

Every word listed is contained within the group of letters. Words can be found in a straight line horizontally, vertically, or diagonally. They may be read either forward or backward.

ALLSPICE	FENNEL	POTPOURRI
ALMOND	GINGER	ROSEMARY
ANISE	JUNIPER	SAGE
BRINED	LAVENDER	SALT
CARDAMOM	LICORICE	SAVORY
CHAMOMILE	MULLING	SPEARMINT
CINNAMON	NUTMEG	SUGAR
CLOVE	ORANGE	THYME
CORIANDER	PEPPERCORNS	VANILLA
CRANBERRY	PEPPERMINT	ZEST

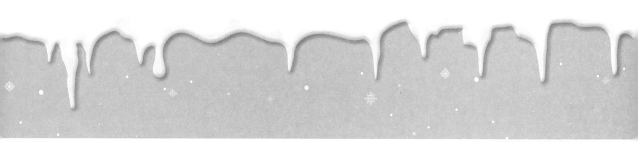

Answers on page 172

```
S  T  G  L  A  P  S  W  G  E  C  P  A  W  H  J  E
S  A  V  O  R  Y  E  N  A  R  U  Z  Y  F  Y  R  C
P  W  G  Y  D  G  U  P  A  C  Q  K  C  E  C  O  I
E  A  L  E  O  T  I  N  P  E  G  T  Z  N  N  S  R
P  F  H  A  M  A  B  N  Y  E  C  N  G  N  A  E  O
P  U  B  E  L  E  U  X  G  B  R  I  N  E  D  M  C
E  R  G  E  R  L  T  D  O  E  A  M  P  L  Y  A  I
R  E  L  R  O  Q  I  B  D  N  R  R  I  S  R  R  L
C  P  Y  Q  M  V  J  N  I  O  J  A  B  N  L  Y  Q
O  I  J  R  D  G  E  S  A  B  E  E  E  Q  T  L  B
R  N  P  W  E  V  E  G  P  V  G  P  B  N  Q  E  A
N  U  C  L  A  D  A  V  C  C  Q  S  O  E  R  N  Z
S  J  X  L  E  C  N  A  M  H  P  M  D  V  L  W  Z
D  N  O  M  L  A  A  A  B  U  A  C  J  O  Z  T  G
F  B  L  E  Y  R  R  Z  I  N  L  M  I  L  M  H  T
J  Z  L  G  V  D  L  A  N  R  Z  L  O  C  A  Y  L
W  J  S  N  W  A  S  I  G  A  O  U  I  M  I  M  A
O  A  J  A  Y  M  C  N  K  U  V  C  D  N  I  E  S
X  J  C  R  R  O  T  S  E  Z  S  S  S  Q  G  L  A
J  E  C  O  L  M  C  P  O  T  P  O  U  R  R  I  E
```

Plumped for Christmas

Every word listed is contained within the group of letters. Words can be found in a straight line horizontally, vertically, or diagonally. They may be read either forward or backward.

AROMA	FROSTED	ROASTED
BAKED	FRUITCAKE	SECONDS
BASKET	GLAZED	SHORTBREAD
BRAISED	GRAVY	SPRINKLES
BUTTERED	HEAPING	STEWED
CANDIED	MOLASSES	STUFFING
CHESTNUTS	PASTRIES	TIPPLE
CONFECTION	PRESERVED	TOASTED
DIPPED	PUDDING	TURDUCKEN
EGGNOG	PUNCH	WHIPPED

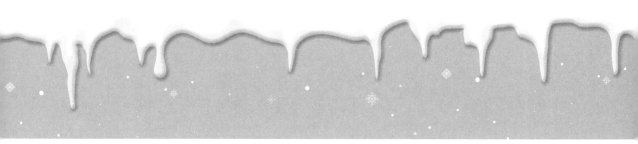

Answers on page 172

```
D  I  P  P  E  D  F  Q  N  E  K  C  U  D  R  U  T
F  R  U  H  S  E  I  R  T  S  A  P  B  N  A  W  G
C  R  W  H  I  P  P  E  D  R  D  L  U  Y  K  D  F
P  J  O  U  N  R  D  E  W  E  T  S  I  P  G  G  O
U  U  X  S  A  R  L  O  K  M  O  L  A  S  S  E  S
B  B  N  P  T  J  E  A  B  N  O  A  R  O  M  A  E
D  R  D  C  L  E  C  G  P  U  D  D  I  N  G  T  E
P  A  A  E  H  T  D  S  H  O  R  T  B  R  E  A  D
X  O  A  I  I  S  E  C  O  N  D  S  P  Q  O  T  A
S  L  C  U  S  D  T  V  I  R  B  W  H  C  T  O  N
E  C  R  O  D  E  N  F  H  D  O  G  S  U  I  A  U
L  F  O  E  N  E  D  A  G  E  E  A  E  T  P  S  B
K  S  V  Y  D  F  V  Z  C  O  A  R  S  T  P  T  A
N  D  T  E  V  E  E  R  R  A  N  P  E  T  L  E  K
I  G  M  U  U  A  Z  C  E  V  J  G  I  T  E  D  E
R  W  V  R  F  I  R  A  T  S  J  M  G  N  T  D  D
P  I  M  H  K  F  W  G  L  I  E  U  J  E  G  U  U
S  D  M  C  H  X  I  E  Q  G  O  R  O  H  M  G  B
I  B  C  H  E  S  T  N  U  T  S  N  P  Q  Y  H  O
W  L  A  R  F  Y  I  A  G  T  E  K  S  A  B  U  I
```

Presents for Kids

Every word listed is contained within the group of letters. Words can be found in a straight line horizontally, vertically, or diagonally. They may be read either forward or backward. Leftover letters spell out a hidden phrase.

AIR RIFLE	ERECTOR SET	MODEL AIRPLANE
BALL	FRISBEE	MODEL TRAIN
BICYCLE	HOBBYHORSE	SCRABBLE
BLOCKS	JACK-IN-THE-BOX	SLINGSHOT
CANDY CANE	JACKS	SLOT CAR
CHECKERS	JUMP ROPE	TOY TRUCK
CHEMISTRY SET	KITE	YO-YO
DOLLS	MARBLES	

Leftover letters spell:

_____

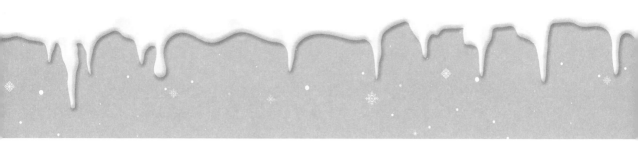

Answers on page 173

```
T O H S G N I L S N B N R O T
H X O B E H T N I K C A J I N
E N A C Y D N A C G C A L E I
E R E C T O R S E T C O S L A
E S M S E T A N O K A S L B G
P I V R L I N L S L L O D B G
O C H E M I S T R Y S E T A A
R C D K F M H I L D S O M R E
P O T C H R A T O Y T R U C K
M O D E L A I R P L A N E S I
U N T H G U S S B I C Y C L E
J I E C F U L F B L O R O C H
K R A I R R I F L E E I S Y T
M H O B B Y H O R S E S A S O
```

A White Christmas Means...

Every word listed is contained within the group of letters. Words can be found in a straight line horizontally, vertically, or diagonally. They may be read either forward or backward.

BEANIE	FLANNEL	SHOVEL
BLANKET	FROZEN	SLIPPERY
BLUSTER	GLOVES	SLUSH
BOOTS	HAT	SNEEZE
CAUTION	LAYERS	SNOWBALLS
CHILL	OVERCOAT	SNOWBLOWER
COUGH	PLOW	STOMP
COZY	SALT	TRACTION
DELAYS	SCARF	WOOL
DRIFT	SCRAPER	ZIPPED

Answers on page 173

```
E  Z  E  E  N  S  V  Z  F  H  I  W  E  B  A  C  V
O  D  E  L  A  Y  S  I  J  D  R  I  F  T  O  T  L
Z  G  B  U  H  I  C  P  N  Q  S  R  M  Z  J  R  H
O  R  L  D  S  Q  V  P  C  I  E  J  Y  O  J  X  D
L  E  A  I  C  U  I  E  U  W  D  L  W  U  E  T  A
O  A  N  R  A  W  H  D  O  S  B  L  U  S  T  E  R
O  W  K  C  R  Z  X  L  H  G  K  S  L  R  Z  Z  B
W  H  E  V  F  Q  B  O  X  S  L  G  L  O  V  E  S
Q  L  T  I  O  W  V  V  T  I  A  E  V  S  U  J  U
K  E  E  J  O  E  J  E  P  A  B  L  I  C  V  A  N
Z  N  U  N  L  E  S  P  F  S  O  C  T  N  O  M  J
S  N  S  J  Q  L  E  R  S  I  S  C  L  F  A  R  R
L  A  I  K  U  R  O  R  V  T  I  M  R  C  J  E  V
L  L  S  S  Y  Z  E  C  I  N  D  B  N  E  P  J  B
A  F  H  V  E  Y  F  D  A  D  K  G  O  A  V  W  P
B  P  K  N  A  J  E  Q  X  U  X  M  R  O  U  O  W
W  Q  M  L  Z  V  H  N  O  I  T  C  A  R  T  J  R
O  W  J  O  P  L  O  W  T  C  S  I  T  J  F  S  I
N  B  Y  A  T  L  L  I  H  C  X  P  O  E  L  I  V
S  Y  T  A  H  S  P  H  G  U  O  C  J  N  I  J  H
```

Heavenly Christmas

Every word listed is contained within the group of letters. Words can be found in a straight line horizontally, vertically, or diagonally. They may be read either forward or backward.

ABLAZE	FLYING	SLEET
ANGEL	GLORY	SLEIGH
ASCEND	HEAVEN	SNOW
BLIZZARD	HUES	SOLSTICE
BRIGHTLY	LIGHT	SPLENDOR
CHERUBIM	RAINBOW	STARRY
DAZZLE	REFLECT	TEMPEST
DOVE	SERAPHIM	VISIT
FALLING	SHINING	WHITE
FLURRY	SILVER	WINGS

Answers on page 173

S J W A D L W Y S N D G Y T T I Y
C H H E E Q Q E F B N R S M G U B
H Q I Y D S U F B I O I I C Q A U
W Q T N U H C K L L L B G R Q H T
L H E F I B W L G V U R A A D M H
K E S Q D N A F E R L H J I W U G
Y A R T H F G R E D N P Q N I K I
Y V T L A F S H K N P O T B C T L
E E Y R L R C G C E S U Q O A G T
J N D Y O A R B E C N T T W X M S
C V I V B D R Y J S O L S T I C E
F N D L I I N R U A W U F O T H P
G L A Q G S M E L Z Z A D E B L M
Q Z U H T M I U L A N E G N A E
E S T R I B H T A P Z S L E E T T
Q L G D R F P A A L S G T O T J N
Y B U N O Y A E D T C E L F E R V
Q J Y N I V R H B D R A Z Z I L B
Q F P W Z W E A C H A H G I E L S
G J F J D P S T C E S Z O Y D U W

Getting Crafty

Every word listed is contained within the group of letters. Words can be found in a straight line horizontally, vertically, or diagonally. They may be read either forward or backward.

ACRYLIC	GLITTER	SCISSORS
ARRANGEMENT	GLUE	SEQUINS
BEADS	HOLLY	SEWN
BOUGHS	JAR	STENCILS
BRUSHES	NEEDLE	STRING
BUTTONS	PAPER	TAPE
CARDSTOCK	PATTERN	TEXTILES
CLAY	QUILT	TISSUE
CRAYONS	RIBBON	TWIGS
FLORAL	RULER	WREATH

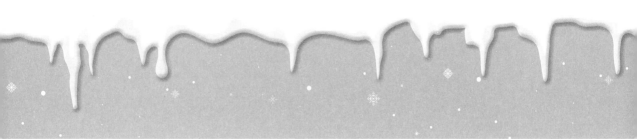

Answers on page 173

```
M C G M U Y U S N X K Q Y J Q X O
S O E P Z Q Z B E L D B U L R X K
R V Y Z F L J A R L R U S I L N T
H V S L I C N E T S I G C Z L O S
V P O G L I T T E R I T S V Q T H
W A B U T T O N S W K F X N P T N
C T Q E L N T E T B V S R E N Z E
I T L S N O Y A R C E I C E T O L
S E N N P U H U N S Y K M X D D D
N R C N M K S O C D B E R I C Y E
I N S P V H B I R O G E G K X Y E
U A O F E B S S U N L N H C A S N
Q Q W S I S R G A U I A E O H D B
E W B R O D H R R R P C G T E A R
S M R R S S R R T K O R F S U E E
C N S E C A G S V W X Y L D H B P
F F W G A L E Q N Q D L O R E H A
F Z G E U T R H V F Q I R A P Q P
R L R E S L H V Y Y M C A C A H N
Y R C Z T I S S U E Y A L C T E T
```

Winter Wonders and Woes

Every word listed is contained within the group of letters. Words can be found in a straight line horizontally, vertically, or diagonally. They may be read either forward or backward.

BLACK ICE

ICICLE

MELTING

PLOW

POTHOLES

SALT

SHOVELING

SKATING

SLEET

SLUSH

SNOW ANGELS

SNOWBALL

SNOWMAN

SUBZERO

WINDCHILL

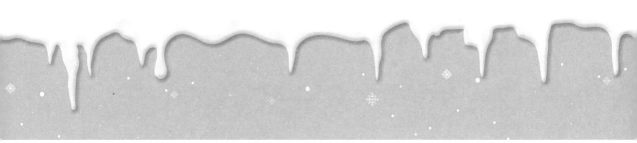

Answers on page 174

```
S  K  N  G  J  H  J  B  S  S  R  E  F  T  G
E  R  V  V  S  P  L  W  N  S  M  R  S  Y  G
C  B  S  Y  P  A  G  O  L  I  R  Z  Y  K  N
I  V  R  I  C  K  W  U  P  M  M  W  M  F  I
B  N  S  K  W  A  S  W  S  A  D  F  I  M  T
Z  U  I  N  N  H  Q  S  A  X  R  G  L  E  A
T  C  V  G  O  R  E  Z  B  U  S  Q  L  L  K
E  E  E  A  G  W  R  P  T  B  P  I  I  T  S
C  L  E  M  Z  J  M  D  K  S  O  C  H  I  S
S  E  P  L  L  X  P  A  A  G  T  I  C  N  A
G  D  Y  I  S  A  H  L  N  A  H  C  D  G  M
C  S  E  Y  E  A  T  N  K  S  O  L  N  D  K
S  H  O  V  E  L  I  N  G  B  L  E  I  D  Z
B  A  Q  H  X  Q  V  N  T  K  E  X  W  W  Q
Z  L  L  A  B  W  O  N  S  N  S  P  L  O  W
```

Oh Christmas Tree!

Every word listed is contained within the group of letters. Words can be found in a straight line horizontally, vertically, or diagonally. They may be read either forward or backward. Once you find all the words, you can read the hidden message from the remaining letters, top to bottom, left to right.

ANGELS

BELLS

CANDLES

CHEER

CRECHE

DECORATION

DINNER

EGGNOG

FEAST

FROST

GIFT

GREETINGS

HOLLY

JOY

MAGI

MANGER

MINCE PIE

NATIVITY

NUTS

PACKAGES

PEACE

POINSETTIA

PRESENTS

PUDDING

REINDEER

SANTA CLAUS

SHEPHERDS

SINGING

SLEIGH

SNOW

STAR

STOCKING

TINSEL

TRINKETS

TURKEY

YULE

Leftover letters spell:

_____

Answers on page 174

```
                      G
                    J O Y
                  S E L D N A C
                    O G O
                  L D K P H O L L Y
                E C A E P T R I N K E T S
                    I S L L E B G
                  S I N G I N G A S N G M G
                Y T I V I T A N I I W E A E L U Y
                    S E I M D T F N N
                  S A N K A I C T G T U T E
                S S E T C L N N Y E K R U T S A S
              T S O R F G O A N G C R S N O W D S L E I G H
                    T N E R E E D N I E R L O
                  O S K R I E L P C I D E H C E R C
                G N I D D U P T S I H O H P A C K A G E S
              S A N T A C L A U S E E E P O N O I T A R O C E D
                        E E U
                        H R T
                      S M A G I
```

White Christmas

Every word listed is contained within the group of letters. Words can be found in a straight line horizontally, vertically, or diagonally. They may be read either forward or backward. When complete, the leftover letters will spell out a Christmas quote from E. B. White.

BLITZEN

CANDY

CHIMNEY

COMET

CUPID

DANCER

DASHER

DONNER

ELVES

GIFTS

JOLLY

MERRY

MRS. CLAUS

PRANCER

RIBBONS

ROOFTOP

RUDOLPH

ST. NICK

STOCKINGS

TOYS

VIXEN

YULETIDE

Hidden quote:

Answers on page 174

```
T O D P E R D S C E I V R H E
C H A R I O S G S E V L E P T
M A N S N T H N I R O U C L G
H Y C N T N I I T F S W N O R
A M E P P E I K N G T B A D C
E R R N C Z M C J O M S R U S
E E S S M T R O O F T O P R T
M H M O C I L T C R V I X E N
E S E A S L H S D I D F F I I
R A N C Y B A C U L T W I T C
R D H E O V E U R Y Y E A R K
Y U L E T I D E S N O B B I R
```

Cozy Time of Year

Every word listed is contained within the group of letters. Words can be found in a straight line horizontally, vertically, or diagonally. They may be read either forward or backward.

BLISS

CHEERY

COMFY

CONTENT

CONVIVIAL

COZY

DELIGHTFUL

EASE

FESTIVE

FRIENDSHIP

FULFILLMENT

GAIETY

GOODWILL

HAPPY

HARMONY

HYGGE

IDLE

LEISURE

LIVELY

PEACE

PLACID

PLEASANT

PLUSH

RELAX

REPOSE

RESTFUL

SNUGGLE

SWEET

TRANQUIL

WARMTH

Answers on page 174

```
I X A L E R C O Z Y R W J E H R L
H W G Z Q E D C P D E P R C X F I
S O X B L I Q L E E S P P O Z O E
X P T D C J E L L A T W L M G Q S
F Q I A F A I Y T S F Q A F K I O
T E L A S G F L M I U N I Y B W P
T P S A H M W L S I L Z V L C S E
N H N T F R I E N D S H I P O E R
K T F X I Z O R C T W S V E N Y Z
V U X T T V G G X A S M N L T R D
L E G G Y H E Z J F E Q O G E E M
F H D H Z Y T E I A G P C G N E Z
L I V E L Y C K Z X I U I U T H E
B H A R M O N Y Z C D R T N H C S
B T N E M L L I F L U F V S Z B A
F A A L D F F H U M U T E E W S E
L L I W D O O G D T R A N Q U I L
P X B A J W A R M T H L D E R I K
P A H D Q G R Q C E R U S I E L E
N C U N C I W P L U S H H A P P Y
```

Holiday Break

Every word listed is contained within the group of letters. Words can be found in a straight line horizontally, vertically, or diagonally. They may be read either forward or backward.

BAKING	LETTERS	SKATING
CAROLING	MERRYMAKING	SKIING
CHATTING	PARTIES	SLEDDING
COOKING	READING	SLEEPING
CRAFTING	RECHARGING	SOCIALIZING
DECORATING	RESTING	STORIES
DESTRESSING	ROASTING	TOASTING
DINING	SHOPPING	TRAVELING
GAMING	SIMMERING	VISITING
LEISURE	SIPPING	WRAPPING

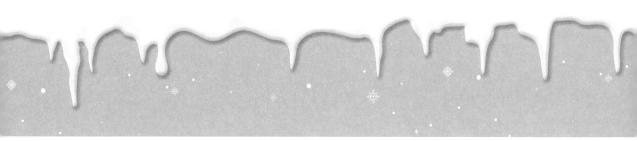

Answers on page 175

```
U S E I T R A P C A R O L I N G G
X K T R A V E L I N G Q G W L R N
Y A X E S A F G I S D N R T U G I
C T N H G H A R I S I X C Z I N P
R I L J M M O M G S K O U C O I E
A N Z E I T M P S N O I H Q G K E
F G G N T E O E P K I A I N U A L
T B G N R T R A I I T P I N X M S
I B W I I T E N S T N T P X G Y Y
N S N N S T G R I T I G Y I J R M
G G O E V M S N S S I F H Q S R T
L F D C L A G A I K N N E K H E S
E W S Y I E N V O T R E G P K M S
I R S L R A M M T R A E Z H C S V
S A E S E K L G N I G R A H C E R
U P I Z D D D I N I N G O D C P Q
R P R E I T D Z Z I J E D C I I Z
E I O Y N R Z I N I K Z Z O E N Q
P N T R E S T I N G N A R W V D G
Y G S W M H S G B G Z G B W H B M
```

D Is for December

Every word listed is contained within the group of letters. Words can be found in a straight line horizontally, vertically, or diagonally. They may be read either forward or backward.

DAIRY	DECLARATION	DIAMOND
DAMASK	DÉCOR	DIGEST
DANDY	DEFERENCE	DIMPLE
DAPPER	DELICATE	DOLLOP
DARING	DELIGHT	DRAWSTRING
DEACON	DELTA	DREAMY
DECANTER	DENSITY	DROLLERY
DECEMBER	DEPORTMENT	DUPLICATE
DECIBEL	DESERVE	DURIAN
DECISION	DESSERT	DUSTPAN

Answers on page 175

```
Y Y H V Z T A D U R I A N O Q C J
P T Y R E L L O R D P O Z W P Q O
E I C O O F Q R Q D A P P E R P D
V S T V W N O I T A R A L C E D U
R N E J W M D S S Y I S L T E L P
E E D I M P L E P D B A A C H C L
S D S U L L T D F P I C X C A D I
E T Y D N A D M J E I G X J L E C
D D A I R Y P M O L R S E P T L A
C D E P O R T M E N T E G S R T T
P K R A R I J D F M D D N T T A E
O Z E D O E T F Z I R D R C W D D
L D T A X Z B M A A N E R Y E E A
L E N R B L Q M W Y S A O L T C M
O L A I Y X O S E S Z C C Y G I A
D I C N D N T I E C N O E M F B S
P G E G D R W D N I E N D A R E K
D H D I I R T U V M B D J E F L A
P T E N D E C I S I O N X R K I P
V K G M D U S T P A N P M D Y U F
```

Cold Weather Garb

Every word listed is contained within the group of letters. Words can be found in a straight line horizontally, vertically, or diagonally. They may be read either forward or backward.

BALACLAVA

BLANKET

BOOTS

CORDUROY

DOWN

FLANNEL

FLEECE

FUR

GALOSHES

GLOVES

INSULATED

JACKET

KNITTED

LAYERS

MERINO

MITTENS

OVERCOAT

PARKA

QUILTED

SHAWL

SHEARLING

STOCKINGS

SWEATER

THERMAL

TOQUE

TURTLENECK

USHANKA

VALENKI

VEST

WOOL

Answers on page 175

```
C U O F E T P S E H S O L A G U I
B B L A N K E T E I F W S M Z D L
F T S W P A R K A R E T A E W S D
L F L O H P K Z F L A N N E L E U
E F A O M C C M I T T E N S T Z O
E U M L X A E J A C K E T L I N T
C S R T I F N J P O K B I N N W U
E Z E G C E E I V M R U A Y S O K
F G H S D O L D I U Q S W E U D N
V T T I C U T M F M T C V E L U I
A M J Z Y H R E K O E O G Y A L T
L S T A D O U A C P L R O D T G T
E S A S K V T K V G S R I V E T E
N R O A X N I H M A U H E N D O D
K E C L G N A U C D L S A Q O Q I
I Y R P G F J H R Q T C F W F U L
N A E S Q F A O S T Y A A B L E Y
N L V J Y W C O E U P K O L P X F
F Q O S H E A R L I N G N H A H Y
I U Y F S T O O B D M O J E F B R
```

The Heart of Christmas

Every word listed is contained within the group of letters. Words can be found in a straight line horizontally, vertically, or diagonally. They may be read either forward or backward. When complete, the leftover letters spell out a Christmas quote from Roy L. Smith.

ANGELS	ICICLE	SNOWMAN
BETHLEHEM	JOLLY	STAR
CARDS	MAGI	ST. NICK
CAROLS	MANGER	TIDINGS
CHIMNEY	MERRY	TINSEL
CUPID	MYRRH	TOYS
DECK THE HALLS	NOEL	TURKEY
DONNER	PUNCH	VIXEN
FROSTY	REINDEER	WINTER
GIFTS	SILENT NIGHT	WRAPPING PAPER
HOLLY	SLEIGH BELLS	WREATH

Hidden quote:

_____

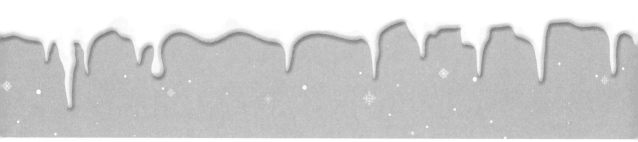

Answers on page 175

```
H E W D R N H O H S M A Y S N
O T S L E I G H B E L L S C H
R I T X P C S T R T L O D H S
M A I S A I K R N O E L R T I
H V D N P C Y T J Y E H A A I
M C I S G L H H H S T R C E C
E A N E N E C G N E C S R R A
H H G U I U R I T W H E O W G
E O S I P D T N I W I A S R I
L L L I P L O T I N M R L N F
H L D E A V E N D R N E E L T
T Y E K R U T E N F E G G I S
E N D I W E E L T E Y N N U N
B D M Y R R H I E R R A A A T
R E K C I N T S N O W M A N E
```

Founding Father Wisdom

Every word listed is contained within the group of letters. Words can be found in a straight line horizontally, vertically, or diagonally. They may be read either forward or backward. When complete, the leftover letters spell a seasonal quote from Benjamin Franklin.

CAROLERS

CHESTNUTS

CHRISTMAS

DANCER

DASHER

DECEMBER

EGGNOG

ELVES

EPIPHANY

FRANKINCENSE

FRUIT CAKE

JINGLE BELLS

JOLLY

JOY

LIGHTS

MISTLETOE

NATIVITY

NEW YEAR

PLUM PUDDING

PUMPKIN PIE

RUDOLPH

SANTA CLAUS

SHOPPING

SNOWMEN

STUFFING

WENCESLAS

WISE MEN

YULETIDE

Hidden quote:

_____

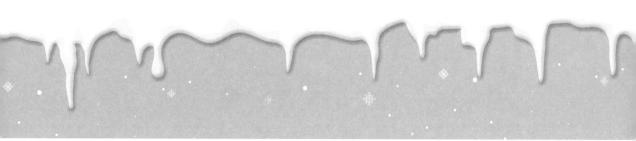

Answers on page 176

```
A G O C H R I S T M A S O D G
E P I P H A N Y T I V I T A N
F S D C N E M W O N S E D N I
R T F O N Y U L E T I D E C F
U U S R O W C I H P E N C E F
I N D J A E C G N E E N E R U
T T I O S N I I O L G E M E T
C S S L L L K T A V O M B H S
A E H L C P E I O E N E E S R
K H O Y M L H N N S G S R A E
E C P U T T I N U C G I A D L
L C P S A L S E C N E W H R O
I S I S L L E B E L G N I J R
T M N S U A L C A T N A S M A
A S G N I D D U P M U L P E C
```

Chilly Search

Every word listed is contained within the group of letters. Words can be found in a straight line horizontally, vertically, or diagonally. They may be read either forward or backward. Leftover letters spell a winter quote from Carl Reiner.

AVALANCHE

COLD SNAP

DRIFTS

FLAKES

FLURRIES

FREEZE

FROST

FROSTBITE

GALE

GLACIER

HOARFROST

ICE

ICICLE

NOR'EASTER

POWDER

RIME

SHIVERS

SLEET

SLUSH

SNOW

SNOWCAP

SNOWSTORM

SUBZERO

WHITEOUT

WINDCHILL

Hidden quote:

_____

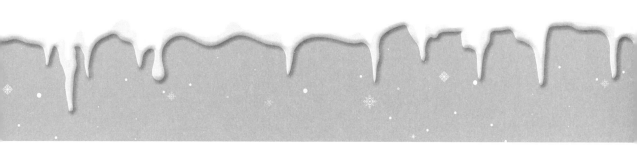

Answers on page 176

```
A L O S R E V I H S T O F P E
O P L W H I T E O U T E S R L
M S N O W C A P I K E F E S N
F R T N F R E E Z E O T I W R
R I O S L U S H F P S I R R E
O N D T O R E I C A L G R I D
S E T G S R T O E N B E U A W
T L N A U W F R N S A N L E O
C C E L E S O R S D A L F R P
Y I F E R N E N A L E Z A I N
G C M E T I B T S O R F O V F
W I N D C H I L L C H W A T A
R O R E Z B U S E K A L F E R
```

Holidays Gone By

Every word listed is contained within the group of letters. Words can be found in a straight line horizontally, vertically, or diagonally. They may be read either forward or backward.

BAUBLE	LOWING	PLUMS
BOBTAIL	MATIN	RECITAL
CANDLE	MISTLETOE	REVELS
CAROLING	MULLING	SPRIG
CHEER	MUMMER	TALLOW
CORNUCOPIA	NIGH	TIDINGS
FIREPLACE	NOEL	'TIS
GARLAND	OBLATION	'TWAS
HARK	ORANGES	WASSAIL
LAUREL	PENNY	YULETIDE

Answers on page 176

```
K S S P R I G M V R O A T W U C J
E L D N A C I A E Q Y R I I M T W
H L C Q U W W M P U V T D Z J S M
M F O P A I M E L K G N I W O L A
K U I Q L U P E N N Y M N C H O L
R T T R M I T K L L H X G O D N R
A D H Y E I A D B I S R S R L M L
H I H K D P N S E Z A B W N G I A
C H E E R A L Q S U W T O U C S T
H N D V L U U A M A T N B C R T I
S D Y R M W R L C U W F L O N L C
E X A Q V E P A Q E L O A P B E E
G G L B V K I T D I C L T I W T R
N H E E T Q J S I A U K I A T O H
A V L L W J B O R S D T O N M E G
R S B E E O P O I A K U N S G J I
O Z U B E R L M A T I N P A O L N
W N A T R I U L M I R M D B W P K
W B B D N X M A A F V W W L E O N
T R Q G Y Q S A L T N U Z B L Y C
```

Tastes Like a Christmas Cookie

Every word listed is contained within the group of letters. Words can be found in a straight line horizontally, vertically, or diagonally. They may be read either forward or backward.

ALMOND	FROSTING	POWDERED
BAKED	GINGERBREAD	RUM
BUTTERY	ICING	SHAPED
CARAMEL	MARZIPAN	SHORTBREAD
CINNAMON	MORSEL	SPARKLY
COCOA	MUNCH	SPRINKLES
CRUMBLY	NUTMEG	STRIPES
CRUNCHY	NUTTY	SUGAR
DECADENT	OATMEAL	WAFER
DUSTED	PEPPERMINT	ZING

Answers on page 176

```
K R J G I N G E R B R E A D K V L
V C R U M B L Y I T Y C N Q O R D
S P O W D E R E D L E A E U Z E O
B E W A F E R D K E P H Q G T V R
G G P X B D R R Z I P I I S W Q N
T A T I F D A R Z I Y A U Q J H C
N X V L R P E R X R W D H M Z U R
L O T E S T A C E I L N P S I K U
E A M M M S T A L S D U U N F N
S W S A D R T Y L D A B H T G S C
R B T R N U P K M R E E A C T I H
O V B A B N Q Z O W P N M K N Y Y
M F R C N H I B N X J Z T T E U J
R W U I W G D C D R A G U S A D M
H R M C S P R I N K L E S A N O W
F I G I P T N I M R E P P E P V X
W I X N G I H I T C A O C O C V M
O U M G N U T M E G X F G H V B D
B G N I T S O R F B I F B P S D T
J N D A E R B T R O H S Y T G B U
```

Heading Home for Christmas

Every word listed is contained within the group of letters. Words can be found in a straight line horizontally, vertically, or diagonally. They may be read either forward or backward.

AIRPLANE	EMBARK	PACKED
ARRIVAL	FERRY	QUEUE
AWAY	FLIGHT	RETURN
BUS	FORECAST	RUSH
CAR	HURRY	SLOG
CROWDS	JAUNT	TAXI
DASH	LAYOVER	TRAIN
DEPARTURE	LODGING	TRANSIT
DETOUR	OUTBOUND	VOYAGE
EARLY	OVERNIGHT	WEATHER

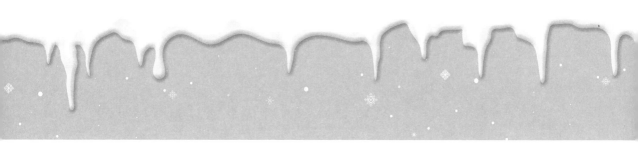

Answers on page 177

J S Y Y V G W Q E S K H E N T U B
Z D Q M I M H A J R U O K A J E B
K W G H J S R A K R D H E N N Q U
R O Y M A R U Y R R W G R A G C C
A R A D I N L Y U T A E L F O A A
B C Y V T R R E K Y V P T F J L O
M J A A A T S W O O R U L H A E E
E L D E W C R V Y I H I L B E Z W
O Q N E D A J A A O G W O F U W W
V K U X E C L A N H X K D Z E B K
E J O P T D R I T S Z F G N U K S
R F B J O I E T P V I P I U Q I A
N E T W U B A P S Y H T N Q D X F
I R U U R B C A A A Z U G R U S H
G R O N W R M A E R C D E K C A P
H Y B H R D X X R K T E A J W N
T B U S X U Z O H J S U R T U M F
B S B I A P T I R L L Y R O A W T
R E H T A E W E P Q O A S E F X J
T R A I N P Z N R W G S U Y S C I

Holiday Greetings

Every word listed is contained within the group of letters. Words can be found in a straight line horizontally, vertically, or diagonally. They may be read either forward or backward.

ALOHA	GREETINGS	SINCERE
BENEDICTION	HAIL	SUMMONS
BEST	HARK	TIDINGS
BLESSINGS	HEARTFELT	TOAST
CHEER	HOPE	TRULY
CONVIVIAL	INVITATION	VERILY
CORDIAL	LUCK	WARM
DEEPEST	NEIGHBORLY	WELCOME
FARE	SALUTATIONS	WISHES
FORTUNE	SEASONAL	YEARLY

Answers on page 177

```
V C N U L I C B Q Y Y E A R L Y C
T L F O K P J Y L R O B H G I E N
P J A A I O F W C P T J K I N L X
S X Z N Z T E V Y O S Z V D A L N
G C I G O L C M S U N G K I C C B
N Q K K C S Z I M S L V D O K H D
I R E O H A A M D I B R I X T E D
T J M B N P O E N E O J Q V L E N
E E R F R N U V S C N R E Z I R F
E C A V S U I T G I A E T S Z A D
R O W G J T T U M T K R B N J W L
G K E X A K T S L H U V Q O B S R
E N U T R O F E A L A E Y I L I V
Z D I S S V F K Y O R I Y T E N J
F O E K G T H L X A T V L A S C W
N U C E R N I A F C A O L T S E I
F U K A P R I C R D H L H U I R S
L I E D E E Z D G K O W O L N E H
T H M V N K S V I Y L V P A G C E
A D T I L R C T H T A T E S S G S
```

N Is for Noel

Every word listed is contained within the group of letters. Words can be found in a straight line horizontally, vertically, or diagonally. They may be read either forward or backward.

NAIL	NERVE	NORMAL
NANNY	NESTLE	NORTHERN
NATURAL	NEWSPAPER	NOTHING
NAVEL	NICETY	NOTICE
NAVIGATE	NICKEL	NOWHERE
NECESSARY	NIMBUS	NOZZLE
NECTAR	NOBLE	NUMERAL
NEEDLE	NOEL	NURSE
NEIGHBOR	NOGGIN	NUTRITION
NEPHEW	NOODLE	NYMPH

Answers on page 177

```
Y F E V B V G A X X W L M R Y Q J
Z T N O G G I N E V R E N E M E Y
P B R C Q V P L I A N A P T C L H
K I L E W E Y F E C L E S Q A J H
G E N O P N C J E M E P S R T N P
N L B O N A Q I Z D P T E N Y E M
O D K A R L P C T N A M Y R G P Y
I E N F E M L S O O U G A T Z H N
T E N V L G A Z W N N S K X A E R
I N A K L A Z L M E S V U A L W T
R N V G N L R E K E N L U T G F F
T Z I L E E D U C B E G S H E G E
U G G W E R I E T K U E I O L M N
N E A Y V O N G C A N E J U E O H
N R T I C G N I H O N V I Q B A E
O E E S L N N Z F B D X D L V M S
O H V O J G N I H T O N E O O H R
D W I N I M B U S U T R P A K P U
L O G L U W N O R T H E R N C V N
E N J K R A T C E N T A H P C Q P
```

Christmas List

Every word listed is contained within the group of letters. Words can be found in a straight line horizontally, vertically, or diagonally. They may be read either forward or backward.

BIKE

BOOK

BUBBLY

CAMERA

CERTIFICATE

CLOTHES

COMPUTER

CULINARY

DELICIOUS

DIGITAL

DOMESTIC

DOWNLOAD

EDUCATIONAL

GAME

HEADPHONES

JACKET

JEWELRY

KIT

MUSIC

PROJECT

RETURNABLE

ROBOTIC

SHOES

TICKETS

TOOLS

TOY

UPGRADE

VIDEO

VINTAGE

WHEELS

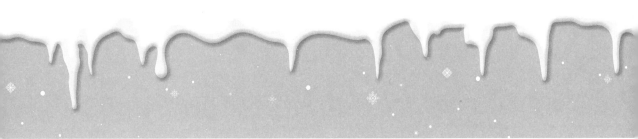

Answers on page 177

```
W G W P O Y X Y U P S E S K J L B
H E A D P H O N E S D L Y K A I E
M R C X O Z A C R U P U E T J B E
U E T E K C A J C A T A I E H Q G
S T H K W M L A W E O G T L H E A
I U R L E H T Q V E I O N G Q W T
C R E R R I T X B D Y V O O A O N
P N A M O E T A C I F I T R E C I
Z A S N A R D G N U B F S D Y Y V
L B A E X G L A J O U I I O D R H
R L F J H J T C R C T V K A Y L K
D E C C M T H O J G X I O E B E O
D E T I K V O A O F P L C C O W O
S O L U N C Q L T L N U D K R E B
W E M I P Y B D C W S X L C E J L
N V O E C M O G O B U B B L Y T F
I W P H S I O D N Y J R C N M B S
Y O R Y S T O C D C U L I N A R Y
T A S V Q X I U T J Q P Q E Y O V
R O B O T I C C S N P R O J E C T
```

Red or Green

Every word listed is contained within the group of letters. Words can be found in a straight line horizontally, vertically, or diagonally. They may read either forward or backward. Leftover letters spell out a humorous quote from W. J. Vogel.

ALERT	GUARD	PLANET
BACKS	HEAD	ROOM
BELT	HERRING	SALAD
BERET	HORN	SHIFT
BLOOD CELL	HOUSE	SNAPPER
BREAST	LAND	TAPE
CARPET	LETTER	TEAS
CEDAR	MAPLE	THUMB
CHINA	MEAT	TIDE
COATS	MILE	VEGETABLES
CORAL	MONKEY	WINE
DWARF	MOUNTAINS	WINGS
FLIES	PANDA	
GAGE	PARTY	

Hidden quote:

_____

Answers on page 178

P B T O S B H H O R N O S R T
A R E R A D E C N F R A W D W
R E I C O R A L L A L E R T N
T A D H R S S I T A S T E R B
Y S S I G H E A D O R K C R G
E T N N T S L O W C P O C U S
K G I A A G B O M E A M A A O
N W A E P L A N E T N R N E B
O Y T W E P T G S T D M P M D
M U N M I L E T E N A E U E I
H O U S E N G R A P S H I F T
B L O O D C E L L E T T E R N
T H M R E B V E S P M R I N G

Home Furnishings

Every word listed is contained within the group of letters. Words can be found in a straight line horizontally, vertically, or diagonally. They may be read either forward or backward.

ARMOIRE

BEAN BAG

BEDROOM SET

BENCH

BOOKCASE

CABINET

CHAIR

CHEST

COFFEE TABLE

COUCH

CREDENZA

CUPBOARD

CURIO

DESK

DINING SET

DRESSER

FAUTEUIL

FOOTSTOOL

LOVE SEAT

MEDIA CENTER

MURPHY BED

NIGHTSTAND

OTTOMAN

RECLINER

SETTEE

SHELVING UNIT

SOFA

WARDROBE

Answers on page 178

```
B O F T A E S E V O L C R T I
O E N A P H J L D K D R E P D
H H D K U Z I K R T E E T H N
C Y B R B T G U E R S D N X A
N C S T O J E S B A X E E E T
E M U D X O G U C C M N C L S
B Q M R X N M K I P V Z A B T
Z A D E I D O S V L L A I A H
T C R N R O S N E K O C D T G
S X I I B T H L D T O P E E I
E D A L L E E V I U T S M E N
H H C C O N L A C D S S O F A
C L U E N I V H B E T R O F B
T W A R J B I M E B O E Q O K
O T T O M A N G A Y O S T C O
Y X X O P C G F N H F S B R P
D R A O B P U C B P J E L E S
S E T T E E N W A R D R O B E
C G S W C K I V G U E D H V T
L V E K S G T A R M O I R E A
```

Every Kind of Package

Every word listed is contained within the group of letters. Words can be found in a straight line horizontally, vertically, or diagonally. They may be read either forward or backward.

ASSORTMENT

BAG

BASKET

BOTTLE

BOX

BUNDLE

CANISTER

CARTON

CASE

CASK

CHEST

CONICAL

CONTAINER

CYLINDER

DELIVERY

ENVELOPE

FLASK

JAR

PACKET

PARCEL

RAFFIA

RECTANGULAR

SACK

SEALED

SHRED

SQUARE

STOCKING

TIN

TUB

WRAPPING

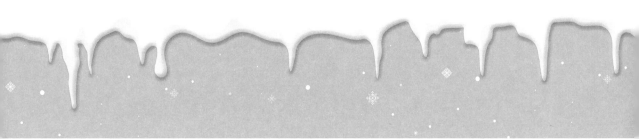

Answers on page 178

```
N P M K Q U I N Q Z B R B X M B C
S C A N I S T E R G E F G D R A S
I V J B W L P Q S N R L L A X S E
C A R T O N D T I E E M J B M K W
Q F L E B I O A S U C U P O N E D
T Z A N S C T A J B T W N T W T E
K A C L K N C M A K A V J T D Z L
C C I I O O V G E U N P T L Z T I
A H N C Q B O X P D G J I E X E V
S G O T C T U G O Y U F C E B K E
A G C I U Y C C L D L L A R N C R
N S G N U P L I E S A A C A F A Y
R W S N R R T I V I R S N U W P F
T S O O I A A X N R I K C Q N V U
D U P C R P M F E D D U G S P L U
M E B R H T P L F M E E Q Q E O G
O W R L K E M A K I O R L C B C D
L V S H F F S E R S A Y R A T V W
L O S C S M M T N W A A L T E F M
B U N D L E J N K T P C R E H S U
```

Here to Sleigh

Every word listed is contained within the group of letters. Words can be found in a straight line horizontally, vertically, or diagonally. They may be read either forward or backward.

BANK	POWDER	SNOWBOARD
BLADE	RUNNERS	SNOWMOBILE
BOBSLED	SAUCER	SNOWSHOE
BOOTS	SKATES	TOBOGGAN
CAREEN	SKI	TRACKS
DOWNHILL	SLALOM	TRAVERSE
GLIDE	SLED	TREAD
LUGE	SLEIGH	TREK
MUSH	SLICE	WHOOSH
POLES	SLIDE	

Answers on page 178

```
S R I R M L S H E D I L G S N N F
N N B N K P U L L C N B Z Q S N W
V A O W R E O X E C S Z Y R Q G S
H K G W T X R W G I A B E Q R L M
Z K Y G M G R T D J G N W N A S Q
I K S B O O H S D E N H H L T F O
X M T L O B B D E U R Z O O Q J A
E A C A L B O I R T A M O M U S H
N E U F Q I S T L A A B S C G I S
Y A R H N U H L J E O K H M T B N
Z S L E D H E N E Q V B S B P U E
P Z I O B H D R W D W J W G F T E
H H G H L Y I E Y O H F E O O Q R
W B V S D C L C E H D S N B N J A
P P T W A Y S U L A R B E L B S C
I O R O E E R A A E L C M A M J Q
X L W N R A P S V U I P N D D T H
Q E L S T S E A G L G S N E R C T
Z S G Q M W R E S S K C A R T U L
M Z I P E T J M B A N K G D Y X S
```

H Is for Holiday

Every word listed is contained within the group of letters. Words can be found in a straight line horizontally, vertically, or diagonally. They may be read either forward or backward.

HAIL	HEAL	HOME
HALO	HEARTH	HOPEFUL
HAMPER	HEARTY	HOST
HANDLE	HEATHER	HOTEL
HANDSOME	HEAVEN	HOURS
HANDY	HERD	HUMBLE
HANKER	HIGHWAY	HUNCH
HAPPY	HILARIOUS	HUNDRED
HARBOR	HISTORY	HUNGRY
HARP	HOLIDAY	HURDLE

Answers on page 179

```
C F V C G H P M N H D K U K F N X
H A N D S O M E Y G E J L K T X R
O N H G L U H H R A N A H A N D Y
E D O A S R U T W H W N V V Z T F
R Z S E L E R R S A O H E E Y I H
F R T S L P D A Q N B M G X N U S
N G Q B Z M L E H N M P E I N D V
L P M H K A E H I U Y T G D H Y J
D U Y H O H Z X S Z O T R Y R H W
H Y J E H U E H T F R E R H A R R
L H A R B O R Z O D D G I N U S Q
U E Y D Q H X S R V N L D F T Y J
F Y L A E H T A Y U A L Q H A H L
E P F E S D Q Y H R E Z E D S U I
P R E H T A E H I F Q A I Z H N A
O G Q W Z J H O W G R L Y U G C H
H A U B R A U F D T O B Y O W H V
N R Y T R S F K Y H R J H O T E L
E H N P Y E H A N K E R K G S T I
Q Y P P A H H A L O W U P P D R N
```

This Will Warm You Up

Every word listed is contained within the group of letters. Words can be found in a straight line horizontally, vertically, or diagonally. They may be read either forward or backward.

BATH	HEATER	SLIPPERS
BLANKET	INSULATED	SOUP
BROTH	LEGGINGS	SPICE
CHAI	MUG	STEAMING
COALS	OVEN	STEW
COCOA	PEPPER	STOCK
COFFEE	PIPING	STOVE
FIRE	SAMOVAR	TEA
GOULASH	SCARF	TODDY
GUMBO	SHOWER	WOOLEN

Answers on page 179

```
S R S T O C K P I J F Y D D O T C
H N E L O O W R L A G C X H W F H
E H H W E T S B I E W L L G I R M
A D P V L B R O T H G R R R A A Z
T A M P C J T V T Q B G U V H C Z
E L W V S T E A M I N G I B C S Q
R T I G C A B N Z H O J R N P U G
V E I U R H I V C K K A C M G Y W
Q K B M D Z U C V C V O G S N S A
O N C I R H Y F I O F X S P I W Y
V A O C O C S N M F E F L I P A L
C L A P G N S A E S R Z I C I S S
X B L I O U S E L U B G P E P O K
U M S T L B M I T U T S P C I U Z
B B E A L F S B R E O F E S D P O
Y U T X I T D E O U A G R U P U H
O E T R O Z W D A E D Y S D F H I
D M E V D O E T O V E N T S E G T
A Z E N H U H Y K M U P O T R N F
L B H S K T K F M W B P E P P E R
```

New Year's Day

Every word listed is contained within the group of letters. Words can be found in a straight line horizontally, vertically, or diagonally. They may be read either forward or backward.

BRUNCH	GAMES	RECONNECT
CALENDAR	LIST	RECUPERATE
CELEBRATE	LOAF	REMINISCE
CHAT	LOUNGE	RESOLUTION
CLEANUP	LUCKY	RESTAURANT
COOKING	MATINEE	RITUAL
COUCH	MIMOSA	SKATE
DESSERT	PARADE	TELEVISION
FESTIVE	PLAN	VISIT
FOOTBALL	PROMISE	WATCH

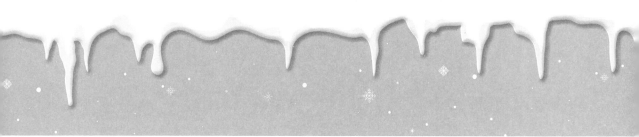

Answers on page 179

```
B B M C F B T S I L X A C T C W E
E U D U O H A D K D G R Q A O R T
T B R N V O M A T I N E E H U P A
A R W A O B K E L T B C D C C V O
R T E Y D I R I T Q B U I E H L P
B N Y S N N S U N T U P H D F B L
E A Y E O Y E I N G W E D A R A P
L R S K G L L L V C D R Y L C H V
E U X O C S U O A E H A Z K F I O
C A O F M U G T U C L T T A S F A
H T T D E I L X I N R E O I P D T
A S U E S L M A S O G L T L E W O
N E M S E H C T A W N E A U Y U P
A R S S O U D T C E N N O C E R R
N R F E R P U N A E L C S D U I O
A H V R E M I N I S C E Q K N F M
A Z A T E L L A B T O O F T A O I
J F T B O R I R I T U A L F T T S
I B F G A M E S Y Y F E S T I V E
I G D X J G N G Z E B Q N I D P O
```

Holiday Jam

Every word listed is contained within the group of letters. Words can be found in a straight line horizontally, vertically, or diagonally. They may be read either forward or backward.

APRICOT

BISCOTTI

BOYSENBERRY

BUTTER

CHERRY

CONCORD

CONFIT

CONSERVE

CRANBERRY

CURD

CURRANT

DONUT

FIG

FILLING

GLAZE

HOMEMADE

JAM

JELLY

KOLACKY

LINGONBERRY

LINZER

MARMALADE

PRESERVES

QUINCE

RASPBERRY

RHUBARB

RUGELACH

SHORTBREAD

STRAWBERRY

THUMBPRINTS

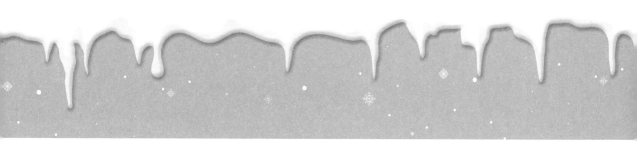

Answers on page 179

```
E G Z T I F N O C I T T O C S I B
B E N R U G E L A C H U S G E R C
S G I W A G N I L L I F E Z G H R
Y D A E R B T R O H S V A C E O G
R E A L M T Y E U C R L G R J F M
R I R O I U H C D E G P R E H I A
E Y W H P N N U S A R Y L H W G R
B G R O I Z Z N M E M L U U C Y M
N L Y R L B O E S B Y E Y B R E A
O R R Z E C R E R T P R M R E K L
G D Y A I B R A V L R R E O C R A
N B X I S V W R B E R B I W H Q D
I W B H E P T A B U N Y R N H Z E
L A J S L N B N R E H E Q M T L S
T R C A A X A E S T T R A Z Z S P
Z Z T R M R P Y R T S E B T X B R
Z G R E C P O Y U R K O L A C K Y
T U N O D B X B Z H Y I C U R D L
C Z C O N C O R D Q G M P E D K I
J Q U I N C E R B T O C I R P A S
```

Ugly Christmas Sweater

Every word listed is contained within the group of letters. Words can be found in a straight line horizontally, vertically, or diagonally. They may be read either forward or backward.

BAGGY	FELT	REINDEER
BATTERY	FRINGE	SATIN
BEDAZZLED	FUZZ	SCRATCHY
BLINKING	GAUDY	SILLY
BRANCHES	LOUD	TASSLES
BRIGHT	LUMPY	TIGHT
CLASHING	NUTTY	TREE
CLOWN	OBNOXIOUS	UGLY
CRAZY	OUTRAGEOUS	UNDERSIZED
ELVES	PENGUINS	VEST

Answers on page 180

```
U R Y G N I H S A L C E O V E S T
B E S Z C N Y S G V W T I W S M S
L E E J A V J L O I I L R X Y E L
T D L X S R M W G B I U B E H M T
K N S B R K C Y M U N L P C E J I
Y I S E Y M H M R D I O N T L G N
P E A D F E L T E N G A X T L W M
M R T A A M L R K A R C H I O L L
U T I Z R J S I U B R G P L O O W
L W I Z F I N D R Y I O C A U U M
R B D L Z G Y S E T X O R D P X S
E Z Q E I M Y R E T T A B Z E N B
N H D D W U Y T T U N Q Z R N S R
R O X S I Q K Q D S A T I N G E I
Y D S C R A T C H Y P B U M U V G
X W O K B A G G Y B Y B V K I L H
O Z D O U T R A G E O U S H N E T
L I X I W N N S O U G V L O S F F
R J L G K O C G L W Z Z U F T M O
P F R I N G E Y L L I S G C X L X
```

A Gingerbread _____

Every word listed is contained within the group of letters. Words can be found in a straight line horizontally, vertically, or diagonally. They may be read either forward or backward.

ANGEL	CASTLE	MAN
BALL	CAT	SHOE
BARN	COW	SLED
BASKET	CROWN	SNOWFLAKE
BIRD	DOG	SQUARE
BOOT	ELF	STAR
BOW	HAT	TREE
BUNNY	HORSE	TRUCK
CANDLE	HOUSE	WOMAN
CAR	LUMP	WREATH

Answers on page 180

```
C R J W U N W O R C F B O O T O C
V A O Z H V W U N T S Q P C O W K
E Q T Q K G H O K S E C S M J L W
S J Y V Z O M M M Z T K R B U R F
E N G R E M A P X A B A S Y K L M
C E O J O O N Q P L N R R A S W M
U R F W C P W Z T M O E R K B W B
D A Y D F A Z W R Z U Q S I T O U
R U E N V L D Q E N R A B R R B N
I Q G T H X A R E O E C U E O B N
B S A L J M E K P C A B S K Z H Y
Q H E E I F S K E N L H S R U Q B
A L P O E M C F D V O L M T A K D
F C P N P U F L O E E M W O S C J
P E N P R N E H B D E L T S A C Z
C S D T H S T M L V P V I U V L U
S U Y Z F A A L Y L C A N G E L N
P O Q Z E O N R L Y E J P O D O S
E H A R K Z M A X K X X J G O D O
X I W G B Q B P H S B O K F R L U
```

Good Name for a Reindeer

Every word listed is contained within the group of letters. Words can be found in a straight line horizontally, vertically, or diagonally. They may be read either forward or backward.

ABLE	HEARTY	SPEEDY
BOLT	HUSTLER	STALWART
BUDDY	JAUNTY	STARRY
CHIPPER	JUMPER	STORMY
EMBER	LEAPER	THUNDER
FLASH	MISSILE	VELOCITY
FLURRY	NIMBUS	VENTURE
GALE	ROCKET	WHIZZ
GUST	RUDDER	ZIPPY
HAPPY	SEEKER	ZOOM

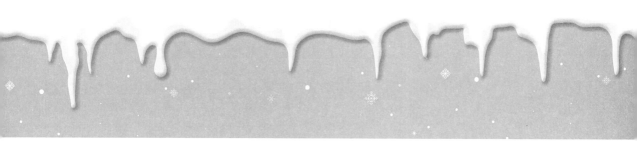

Answers on page 180

```
F D X R O C K E T R E K E E S E P
T F Q H P R Z J Y N J Z G Z L O I
V E L O C I T Y A E Q G Z I B U L
L P E W H S A L F U Y U S U R I H
Z O O M D U H Y Z L N S J M U Z Z
S T A R R Y J R G I I T M E D X Z
O H V A B L E G Y M P P P Y A D K I
N U Q F L U R R Y M S P W N E A H
D N H U F L R B T S F V Y V R Y W
K D E Y E Y Z K T Z M W L W O O I
P E C A M T F A E R U T N E V V C
R R P H T R L Y R M H X F A L E H
F E T J I W O E G F E R X J L A Y
R I V Z A P P T N W M E Y A P T W
C E M R Y M P I S Y J L G P N X Y
T M T U U D M E N D Q T Y Z S T D
L B M J T B E S R D A S N M R H W
O E I V U U T E Y U Z U Y A Z B H
B R G S L O D T P B I H E D S W X
L V L S D U S N O S C H S X T T B
```

Christmas Trees

Every word listed is contained within the group of letters. Words can be found in a straight line horizontally, vertically, or diagonally. They may be read either forward or backward.

ALPINE	CYPRESS	NORWAY
ALUMINUM	DOUGLAS	PINE
ARTIFICIAL	EASTERN	PLASTIC
BABY	FIR	RED
BALSAM	FRASER	RUSTIC
BOUGHS	GIANT	SCOTCH
CANAAN	GRAND	SILVER
CEDAR	GREEN	SPRUCE
COLORADO	MINIATURE	VIRGINIA
CONCOLOR	NOBLE	WHITE

```
W B R Q G J J J A C H K A U M S B
S A A Z W I B T A Z J X J S P T O
A S K L E P A N F G D D A T H A U
R I Q M S B A N M N F W N C I N G
T L U Y U A C M T D Z J T A E G H
I V Y R N N M Q I C E O L E R D S
F E M X O J I L I N C R R M Y G S
I R N O B L E M T S I G E A O S R
C Q W D A Y S O U X Y A S H E V T
I R O D O D A G R L F H T R N Z N
A I R I J U B W B E A S P U V U E
L F O W C Y G F R Y N Y F Z R N T
W B L P I U H L R O C I A D I E T
D A O R T S L U A A N O P P P V E
O B C A S F Y X Y S S K S L A P A
K Y N D A R U S T I C E L T A U S
Y V O E L T N Z O E C U R P S Z T
X A C C P Z W W A I N I G R I V E
Q K V Z C O L O R A D O O J J E R
M X E T I H W G F U R U J S C A N
```

Xmas X's

Every word listed is contained within the group of letters. Words can be found in a straight line horizontally, vertically, or diagonally. They may be read either forward or backward.

ANNEX	HEXAGON	SAXOPHONE
AXIAL	LEXICON	SEXTANT
AXON	MAXIMUM	SIXTY
BOXES	MINX	TAXI
CRUX	MOXIBUSTION	TEXTURE
EXALT	NOXIOUS	TOXIN
EXTENT	OXEN	TUXEDO
FIXING	PIXEL	VEXING
FLUMMOX	QUIXOTIC	VIXEN
FOXY	RELAX	WAXY

```
W O X X G Y U M R Y T X I S O O J
X C N C N F K C R E X A L T D W N
X N I P I I B F M F U N J E B C T
A A M G X X I U L Q F O X P O Q B
L X R Y I V M U F F H U P I X E L
E I X V F I M Z I X T E M M E V U
R A K V X M M M P U E O X C S E W
W L W A O W M R O S E N X T B X X
T P M X E X D H A N U H N E E I N
S V S N T H E X A G O N K A N N F
D E T X M A O K B O B X I V Z G T
N O X D Z P X X E E R Z B I D Y E
O I C T H N O I T S U B I X O M T
C E S O A L V H Q H B E X G N L E
I R N U T N D C S T L H N O X A X
X E J O O V T L E M V L I X B D T
E O X H I I T X Q U I X O T I C U
L I K X Y K X N U U T F O X Y Q R
N E E O D N K O L R D C Z Z H B E
D N O D N M J G N V C V O C F Y U
```

It's Ornamental

Every word listed is contained within the group of letters. Words can be found in a straight line horizontally, vertically, or diagonally. They may be read either forward or backward.

ANGEL	FIGURAL	PORTRAIT
BALL	ICICLE	RIBBON
BAUBLE	GARLAND	SOLDIER
BIRD	GLOBE	STAR
BOW	LAMP	STRING
BULB	LIGHTS	TEARDROP
DIORAMA	MIRROR	TINSEL
DOLL	ORANGE	TREATS
DRUM	PINECONE	TREE
ELF	POPCORN	TRINKET

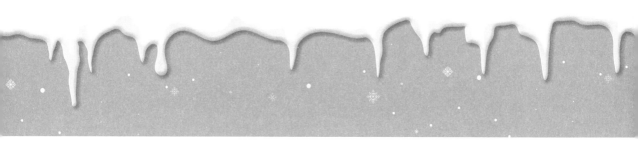

Answers on page 181

```
Y U A K Q S U E O L I G H T S G U
V J E Y L R M U R D U X H E P E P
D D N A L R A G R N A J D K L E Z
Z D T E A R D R O P J O X N X R H
R N R U H F Z U J P L W B I U T W
T S E I R L T C I L B G L R S W E
Z T B K B Y I N G S N S Y T H P U
L R O N A D E Z I R O E Q S T B F
O I L M M C D M O C G L T F A S D
R N G Q O R O C I N I A D L R S R
I G Y N V D P Z A R E C L I F T R
B Z E E A O D R O R R S L I E A X
B Q J L P P O H T L F O G E P R B
O T X B G Y D A B I E U R C O P J
N P X U A N E G M B R G E G R O D
L E B A S B R P M A L Z N T T T W
I S S B P O D F L F R P G A R U J
F P V W C W Y V J R Y O Z E A X R
N Y E L F M D Z B U L B I A I U G
M H W D L E S N I T C S L D T S W
```

Jesus

Every word listed is contained within the group of letters. Words can be found in a straight line horizontally, vertically, or diagonally. They may be read either forward or backward.

CHRIST

GALILEAN

GOOD SHEPHERD

IMMANUEL

JESUS OF NAZARETH

KING OF KINGS

KING OF THE JEWS

LAMB OF GOD

LORD

MAN OF SORROWS

MASTER

MESSIAH

NAZARENE

PRINCE OF PEACE

REDEEMER

SAVIOR

SON OF GOD

SON OF MAN

THE ANOINTED

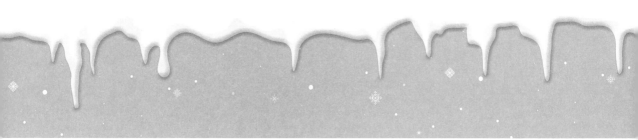

Answers on page 181

```
P G B X F J H A I S S E M D G
V B V P T Y L J I Q G N A R L
H T E R A Z A N F O S U S E J
G T B I D U M L P X H O T H N
M H H N N F B Q S Y N Q E P P
A E F C H G O T Y O B J R E G
S A I E R J F B F L J N X H J
R N E O L D G G D C H R I S T
M O C F Q Q O J S R C U O D C
A I F P Q D D A N D I N K O R
N N A E L I L A G Q O D R O L
O T V A W F Z I R F T Q I G K
F E T C B A W N M K G V Y I H
S D J E R T K A M M A H T K I
O K Z E Q O N O X S A X B S S
R A N K I N G O F K I N G S D
R E D E E M E R S D F G U X I
O Z O P B X Z P M Y C F G E C
W T U N U N C V P X V C J V L
S W E J E H T F O G N I K K F
```

Christmas Tree

Every word listed is contained within the group of letters. Words can be found in a straight line horizontally, vertically, or diagonally. They may be read either forward or backward. The leftover letters reveal a holiday sentiment.

BLITZEN

CARDS

CAROLS

COMET

CUPID

DANCER

DECK THE HALLS

DONDER

EGGNOG

ELVES

HOLLY

NOEL

PRANCER

PRESENTS

SCROOGE

STOCKINGS

TINSEL

TINY TIM

TREE

VIXEN

XMAS

YULE LOG

Leftover letters spell:

_____

Answers on page 181

```
                T
            D   S   H
            I   L   E
        B   P   L   E   E
        P   U   A   G   C
    E   R   C   H   G   O   S
        B   E   A   E   N   M   T
    T   L   S   R   H   O   E   S   Y
    U   I   E   O   T   G   T   L   P
N   E   T   N   L   K   O   T   I   R   M
E   D   Z   T   S   C   L   R   H   A   I
X   E   E   S   K   E   E   O   E   N   T
D   I   L   N   I   O   D   L   E   C   C   Y   X
O   V   R   N   N   N   L   U   A   T   E   N   M
E   I   G   O   O   Y   S   Y   N   I   R   I   A
S   S   S   S   D   R   A   C   T   O   B   E   T   S   D
                    R
            W   R   O   E   A
            T   H   O   E   D
            I   N   G   A   S
            M   I   E   L   E
```

Decorating the Tree

Every word listed is contained within the group of letters. Words can be found in a straight line horizontally, vertically, or diagonally. They may be read either forward or backward. The leftover letters reveal a hidden message.

ADHERENT

ADORE

ANGER

ANTIC

CARTRIDGE

CHEERING

COHERENT

CREATOR

DICTATOR

DRAGON

EIGHTEEN

ENERGETIC

GARDENER

GRACE

HERITAGE

HEROINE

INTERROGATE

NECTAR

NEGOTIATE

ORNATE

REACTION

RETICENT

TEENAGER

TOGETHER

Leftover letters spell:

_____

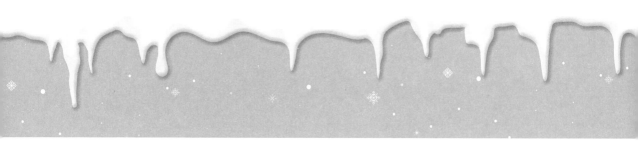

Answers on page 182

```
                    C
                  C H O
                S I E R A
              I N T E N T B
                E R A
              O G I T R
            N C R N E T E
          E I R E G E N G F
        A C T E N E N E A I S
            N A E E C C T
          R E T G E D I I H
        I T C O D O E T R D G
      W I T T R I G R E E H T I
    H E I I A E R N V R H N T E E
          A G R A T N O T E O I
        T O T C C R D I N G T R O
      E N O E N T A D H E R E N T R
      O F T A N T I C H T R N E C I H E
    R D I C T A T O R H T E E N A G E R H
                N E I D H
                R S R T O
                M A A S C
                G T R E E
```

Not a Good Description of Santa

Every word listed is contained within the group of letters. Words can be found in a straight line horizontally, vertically, or diagonally. They may be read either forward or backward.

APATHETIC

CANTANKEROUS

CONNIVING

DIFFIDENT

DISORDERLY

ERRATIC

FORGETFUL

FORLORN

FRIVOLOUS

GLOOMY

INTEMPERATE

JUMPY

JUVENILE

LATE

LAZY

LETHARGIC

MESSY

MUTINOUS

NONSENSICAL

OVERDUE

SKITTISH

SLUGGISH

SUSPICIOUS

TARDY

THOUGHTLESS

TREACHEROUS

UNSTEADY

UPTIGHT

WILD

WRETCHED

Answers on page 182

```
Y O S L U G G I S H U N W C K K R
D V V D Q S K I T T I S H S R N F
R Q L E T A R E P M E T N I O E O
A E W R E T C H E D B R P N U W R
T D I S O R D E R L Y R S D E F L
T D S U O L O V I R F E R R W J O
X N H S L Z D F Y D N E X I T P R
S D E Y E S A M U S V S L A M G N
U U K D K L E K I O U D P W U N S
O Y P A I S T C O O H A T F T I U
R M H X S F A H R E T P L J I V S
E O L Y C L F E G H B U R U N I P
H O A E I I K I E U F E O V O N I
C L Z H T N G T D T O V C E U N C
A G Y J A N I R E M Z H J N S O I
E E J T R C Z G A R F G T I K C O
R R N E R A R M K H W A E L L P U
T A B E E O T H G I T P U E H P S
C E T L F J U M P Y A E L A T E K
P L O Y D A E T S N U M L E P P O
```

In the Kitchen

Every word listed is contained within the group of letters. Words can be found in a straight line horizontally, vertically, or diagonally. They may be read either forward or backward.

BAKING	CURRANT	MIXER
BARBECUE	DOUGHY	PUREE
BASTE	FRYING	RANGE
BOIL	FUNNEL	SAUTÉ
BROIL	GAS COOKER	SCALLION
BURNED	GRATER	STEAMER
CERAMIC	GRAVY	STEW
CHEESE	LEEK	WAFFLE IRON
COMFORT FOOD	MARINADE	
COPPERWARE	MINCER	
CULINARY	MISO	

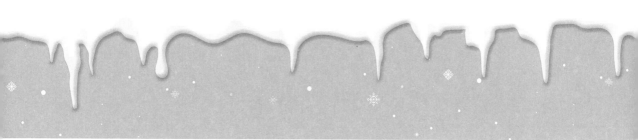

Answers on page 182

```
G S O X R Y B A S T E A M E R
N O R I E L F F A W F O E C G
I K J V C U G M I X E R U O W
Y Y E L N D L S D X V S C M V
R C S N I P E I Y B W B E F R
F U E O M X R B O I L U B O G
U L E I E D A N I R A M R R A
O I H L T T W C L U B I A T S
J N C L P C R U E E X T B F C
G A S A U T E R E Y E F Z O O
N R U C N T P R K R H R Q O O
I Y A S Z I P A A O A G U D K
K B X V T G O N C M S N U P E
A J G I Y E C T W X I I G O R
B U R N E D W L Y S W C M E D
```

Gingerbread House

Every word listed is contained within the group of letters. Words can be found in a straight line horizontally, vertically, or diagonally. They may be read either forward or backward.

AIRBORNE

BEAR HUG

BEER GARDEN

BONEHEAD

BRAIN

BUDGERIGAR

BUGS

DEAR

DEBONAIR

DESIGNER

DIAGNOSE

DINOSAUR

DOGS

DRAB

EAGER

EERIE

GENEROUS

GREGARIOUS

HEROINE

HERRING

HUGE

NEIGHBOR

NERD

OGRE

RARE

RENEGADE

ROUGH

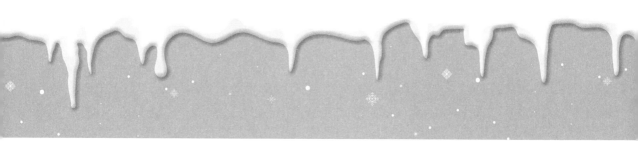

```
                  B
    O T H       E E U
    H R P       O S E G G
    E S I     B B R L E S
    R A G I R E G D U B G
    R W O A G R A D D S I O
    I N I A B R R O U G H C D
    L N N R A U E D E B O N A I R
D E G I R G N N E S U O R E N E G
E N O D A E H E N O B I E S O E U
U U E       U G E S H O N O S R H
S A A       G A I R R I G N A I R
R D G       E D G     I G U E A
R H E R O I N E H     S A R E E
A I R B O R N E B     E I A R B
S O N S E R E N O     D D G E A
N D D A S E R A R     H O I N G
```

What to Pack in Your Suitcase

Every word listed is contained within the group of letters. Words can be found in a straight line horizontally, vertically, or diagonally. They may be read either forward or backward.

ADDRESS BOOK	HATS	SANDALS
ALARM CLOCK	IDENTIFICATION	SHAVING KIT
BOOKS	INSURANCE CARD	SHOES
CAMERA	IPOD	SWIMWEAR
CELL PHONE	ITINERARY	TICKET
CLOTHES	JEWELRY	TOILETRIES
DIRECTIONS	JOURNAL	TRAVELERS' CHECKS
DVDS	LAPTOP	TRAVEL GUIDE
FIRST AID KIT	MAPS	VISAS
GLASSES	MONEY	
HAIR DRYER	PASSPORTS	
HAIR TIES	PHONE CHARGER	

Answers on page 183

```
      W S E H T O L C H E N
      T R A A V S H O E S E
      L I                 L I L
      R N                 G L
  W H I T T O I L E T R I E S H S P M A I L
Y L A C I S R H I L R E Y R D R I A H D D D R
R S T E E S L A L A R M C L O C K N B O E I R
A W S I N T R A V E L E R S C H E C K S N R G
R I A L I R O L D E N J O U R N A L G A T E C
E M T C I O A S V N L I T I E M S L I K I C E
N W K C O P A L O R A G I J E W E L R Y F T N
I E G B T S O O K S C S U R R A M Y O N I I S
T A O O I S R S T I C K A I E R S A T O C O H
I R P V E A K O O B S S E R D D A L P P A N K
I P O D E P D E P B O O K S Y E N O M S T S T
H E S H A V I N G K I T I K D I A T S R I F M
E N T E D R T A I N E R E G R A H C E N O H P
  S E S S A L G D D R A C E C N A R U S N I
```

Makes a Good Christmas Elf

Every word listed is contained within the group of letters. Words can be found in a straight line horizontally, vertically, or diagonally. They may be read either forward or backward.

AFFABLE	ENERGETIC	OPTIMISTIC
ARTFUL	GENEROUS	PERSEVERING
CAREFUL	GOOD	PUNCTUAL
CHEERY	HANDY	RESPECTFUL
CLEVER	HAPPY	SINCERE
CONSTANT	HEALTHY	SKILLED
CRAFTY	HELPFUL	SOCIABLE
CREATIVE	INDUSTRIOUS	THOUGHTFUL
DEPENDABLE	NICE	TIDY
DILIGENT	NIFTY	TIRELESS

Answers on page 183

```
Y Q C I G N I R E V E S R E P D Q
D V S P C Y S U Y P E C M O H E C
I L J U P I D S E P L B Z B L S E
T Q U O M Z T Z E E P I B B L V S
A C R F P S B S V L H A A N I T K
B G H E E N T E I P E I H T Z H I
Q E E S R R N B M C R A W E O L
S N Q C L P A H E O I E I L L U L
U E I E I P E C S G R T B T B G E
O R P V T N F C M C I A P P A H D
I O S R O J L U T S F L G O D T I
R U C Z K M W K L F T B I Z N F K
T S R E G A Q A A S U T H D E U Y
S R A O Q O U Q M W Y L W X P L D
U V F M P T O S I N C E R E E U N
D B T M C V N D B N I F T Y D F A
N D Y N E N E R G E T I C A U T H
I Q U U C O N S T A N T N B E R D
O P M R H V H E A L T H Y D V A S
Q V Z A Y R E E H C Z I E O K V T
```

Makes a Bad Christmas Elf

Every word listed is contained within the group of letters. Words can be found in a straight line horizontally, vertically, or diagonally. They may be read either forward or backward.

ARTLESS	INATTENTIVE	SASSY
BICKERING	INCONSISTENT	SAUCY
CANTANKEROUS	LAZY	SCOUNDREL
CLUMSY	MISCREANT	SHODDY
CRANKY	MORBID	STINKY
CRUDE	NAUGHTY	SURLY
DAFT	REBELLIOUS	TARDY
DESTRUCTIVE	ROGUE	UNRULY
FLIGHTY	ROWDY	UNTIDY
GOOFY	RUDE	VENGEFUL

Answers on page 183

```
R M S L F R L M L Y D D O H S T Y
W E A F W C I E T P P I U T I N D
W Z B P L B R H R V F T S N V A I
Y E F E W I G U E D Y N C A C E T
Y T X G L U G N D D N O L L U R N
C L S E A L G H R E N U U B O C U
R T U N D E I A T S O M O A Z S Y
A B K R F U T O I Y S P N C Z I M
N D W U N X R S U Y O K R U S M G
K E L R F U T F X S K Y C J T H X
Y S U O R E K N A T N A C S Q I T
I T V F N I N A T T E N T I V E F
D R Q T N L G O O F Y K S J Q Q A
A U K R F E U G O R M X U U Y X D
A C Y R D I B R O M G D R A Z H I
L T D S T I N K Y T F K L K S E H
G I W A F W S C Z R I H Y K Y L L
U V O M C R Q I G N I R E K C I B
C E R G H N R Z F S M G S G Q H V
F S A S S Y E G A R T L E S S D W
```

E Is for Eggnog

Every word listed is contained within the group of letters. Words can be found in a straight line horizontally, vertically, or diagonally. They may be read either forward or backward.

EARLY	ELEMENTAL	ESCALATE
EASEL	ELEVATE	ESTABLISH
ECCENTRIC	EMANATE	EVERYWHERE
ECONOMIC	EMBED	EVIDENT
EDITION	EMBROIDER	EXAMINE
EFFECTIVE	EMIGRATE	EXCEED
EGGNOG	EMPHASIZE	EXCLAIM
EGREGIOUS	ENAMEL	EXHAUST
ELASTIC	ENCOMPASS	EXULTANT
ELECTRIC	EPITOME	EYELID

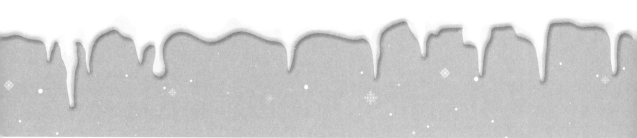

Answers on page 183

```
W E N O I T I D E W E Q L A A W H
A E C I M O N O C E E T E X G T D
L S U O I G E R G E P V A T U I T
E E L E M E N T A L I I Y N W G Y
L V X E D U M R L T T E O E A P J
E K A T S E U P C E Y V T M Q M G
C E E A E J B E H E M A W O R B E
T A M L L X F M L A R A E E E E D
R R O A Q F U I E G S L N M D X J
I L T C E K D L I E E I I E I C G
C Y I S U I P M T S A A Z X O E O
E K P E P H E Q T A L S D E R E N
N T E M R R Y A E C N L E C B D G
C E H L H Q B X X N K T V L M X G
O L F W J L H E U U P J Y A E Y E
M E B V I A E R E H W Y R E V E N
P V I S U B T E E C C E N T R I C
A A H S C J E V I D E N T B N T E
S T T E X A M I N E J K I E T S J
S E T B E L A S T I C Y Y E J H T
```

Homemade Holiday Gifts

Every word listed is contained within the group of letters. Words can be found in a straight line horizontally, vertically, or diagonally. They may be read either forward or backward.

BASKET	FRUITCAKE	SCARF
BLANKET	GLOBE	SOAP
BLEND	HAT	SPIRITS
BOUQUET	JEWELRY	SPREAD
BRACELET	LOTION	SWEATER
BREAD	MIX	TERRARIUM
CANDY	NECKLACE	TOTE
COASTERS	PICKLED	VINAIGRETTE
COOKIES	POT	WINE
CRAFTS	PRESERVES	WREATH

Answers on page 184

A G T W U E X O H R J B S B F E J
V P L Z P C H A T K O D E Z J S I
L U W O A F B I E U A C V I L E Z
H V C N B X R N Q E Q D R U O I Q
X S D M V E E U R L R O E I T K A
C Y T H X C E P I R Y T S H I O J
T O Z F K T S Z M T S U E E O O X
A U A L A B F U B V C N R I N C H
R P A S A R I R L I Q A P A U J V
F C X G T R C U A N B S K T M C E
E L Q L A E I S N A A U S E X F B
R W C R C P R J K I F T V C R A D
W E R T V M E S E G I T Z A S E I
N E T S E W R D T R H I C K L X H
T S L A E L P F I E E S E K I T W
U H F L E A E P N T U T C M A B H
K R R E O W S C U T R I C E R T F
D Y A S Q F S V A E P P R E T U Q
T G G V D N E L B R O W A E Z O V
V T E N I W U U H T B D E W W I T

Nativity

Every word listed is contained within the group of letters. Words can be found in a straight line horizontally, vertically, or diagonally. They may be read either forward or backward.

ANGELS

ANNA

BALTHASAR

BETHLEHEM

CASPAR

CENSUS

CHRISTMAS

CRECHE

FRANKINCENSE

GOLD

HEROD

JESUS

JOSEPH

KING OF THE JEWS

MAGI

MANGER

MARY

MELCHIOR

MESSIAH

MYRRH

NATIVITY

NAZARETH

SHEPHERDS

SIMEON

STABLE

STAR

WISE MEN

Answers on page 184

```
O S H C F W V U K R R K R F K
W T A K R A S A H T L A B A S
S E I N A Z A R E T H Y N H S
U Q S D N U U R D E T E E A W
S J S T K A M Y A I E P M M E
N O E M I S U W V T H T E D H
E S M K N S D I Q E S H S J C
C E M M C C T A R I E M I Y E
S P O A E A V D R L Y G W R R
S H Y G N L S H H R A P S A C
T U T I S G C T R D K H R M C
A U S W E J E H T F O G N I K
B C W E J B N R I R J R J C S
L F X C J A U J G O L D E Y R
E N S L E G N A V M R A V H R
```

Holy Land Sights

Every word listed is contained within the group of letters. Words can be found in a straight line horizontally, vertically, or diagonally. They may be read either forward or backward.

ASHKELON

BEERSHEBA

BETHLEHEM

CANA

CAPERNAUM

DEAD SEA

DOME OF THE ROCK

ELIJAH'S CAVE

EMMAUS

GARDEN TOMB

GILGAL

HEBRON

JERICHO

JERUSALEM

JOPPA

JORDAN RIVER

MARY'S WELL

MILK GROTTO

MOUNT TABOR

SEA OF GALILEE

SEPULCHRE

TEMPLE MOUNT

TOMB OF LAZARUS

TOMB OF RACHEL

VIA DOLOROSA

WESTERN WALL

Answers on page 184

```
B N E R O B A T T N U O M X B
K C O R E H T F O E M O D G E
T N U O M E L P M E T R I V T
L E H C A R F O B M O T A I H
I P D Y O A P P O J O C V E L
J P K N X V U V F H S Q B G E
D E A D S E A C L H C R S A H
V M U A N R E P A C O I Q R E
I M J D E Z O J Z N A Z R D M
A A O O J P I D A I A H N E L
D U R M I L K G R O T T O N J
O S D M E L A S U R E J L T X
L L A W N R E T S E W D E O M
O K N F Z R H U R Z C Q K M P
R I R D E F X C B A J B H B X
O G I L G A L G L C G Q S H L
S H V T O O Z D G U V G A X C
A B E E R S H E B A P X O M P
M A R Y S W E L L N V E C L J
Y E E L I L A G F O A E S H O
```

Silent Night

Every word listed is contained within the group of letters. Words can be found in a straight line horizontally, vertically, or diagonally. They may be read either forward or backward.

ACCEPTANCE	GIVING	REMEMBRANCE
BEAUTY	GOODWILL	REST
BENEVOLENT	HARMONY	RIGHTEOUS
CALM	HEALING	SELFLESS
CHARITY	HOLY	SERENITY
COMPASSION	HOPE	SERVICE
CONTENT	HUMILITY	SILENCE
DEVOTION	LOVE	STEWARD
DIVINE	PEACE	STILLNESS
FELLOWSHIP	QUIET	SUPPORT

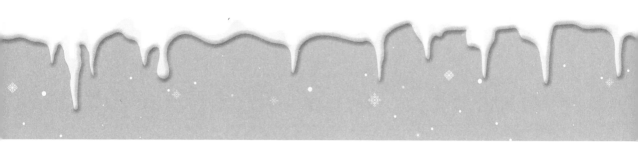

Answers on page 184

```
J T E K W S E R E N I T Y L W D I
H N C R E M E M B R A N C E I B H
U E N O X C O B A B Y C W H A O T
M T E C M F N F S N C A L M L C N
I N L H B P R A O E G A O Y W R B
L O I A W A A M T A R D B S F E N
I C S R J I R S Q P I V E C E C C
T Q U I M A G H S V E L I V M A V
Y T B T H Q C O I I F C O C B E M
Q X S Y D C J N O L O L C E E P G
Z S I E W J E Q E D U N N A R Y I
C S D D R B W S E G W E X N I U V
F E L L O W S H I P V I G W G Z I
I N G G J L Z H Y O D E L H H C N
U L N N Q W Q D L K Y Y W L T U G
Q L I N U H V E N O I T O V E D X
E I L B M Y N S U P P O R T O M X
F T A N Y T U A E B F T E I U Q R
M S E N Y N D R A W E T S Z S J V
R T H H H H O P E P S C S U S S O
```

Exotic Holiday Destinations

Every word listed is contained within the group of letters. Words can be found in a straight line horizontally, vertically, or diagonally. They may be read either forward or backward.

ACAPULCO	COMOROS	MAUI
ARUBA	COZUMEL	NAIROBI
ATHENS	CRETE	OKINAWA
BAHAMAS	IPANEMA	PROVENCE
BALI	JAMAICA	ROME
BARBADOS	KAUAI	SAMOA
BARCELONA	MADAGASCAR	SERENGETI
BELIZE	MAJORCA	TAHITI
BERMUDA	MALDIVES	TANGIER
CANCUN	MARTINIQUE	ZANZIBAR

Answers on page 185

```
F O K X Y M O W Q R Q O I G O H A
W H Y Y V D S W Z E C T W B E C X
B N B E L I Z E C J I R S T A O T
E N D M J V O N A H A N E A B Y I
R J Y R O M E C A B C K R N U D B
M E L W A V I T I E P A E G R S O
U C M O O A C Z E I B U N I A E R
D H M R M O N N Z A A A G E H V I
A A P A M A T O B H L I E R R I A
S Q J O Z B U K B H I V T B T D N
I K R K B A H A M A S K I E B L M
M O W W W S O D A B R A B I C A S
S Y N U C N A C M I F C K W R M T
M A D A G A S C A R P A E T L O U
C O Z U M E L E K U D A I L K Z D
A C A P U L C O T B E N N I O W T
I V I A T H E N S E I H N E Q N H
A U P N S G O C V Q R A Q R M C A
X I A I D C I O U R W C A G F A D
I X G M Y P W E Z A A C R O J A M
```

Good House for a Christmas Elf

Every word listed is contained within the group of letters. Words can be found in a straight line horizontally, vertically, or diagonally. They may be read either forward or backward.

CHARMING

COLORFUL

COZY

DAINTY

DANDY

DECORATIVE

ECCENTRIC

ECLECTIC

GLITTERY

GOLD

GREEN

IDIOSYNCRATIC

INSULATED

KALEIDOSCOPE

NEAT

NICE

ORDERED

ORGANIZED

ORNAMENTAL

RED

SILVER

SNUG

STRIPES

TIDY

TINY

TRIM

WARM

WELCOMING

WONDERFUL

ZANY

```
C I T C E L C E K S L L B K B W C
M I R T D K W R C O I N K Z N I S
C G Y S G A I H E T Y E H T T T X
O G O W R F A F D D N A M A R V R
Z R J M U R D P Y W I T R I F E I
Y E M N M F F D A S T C P R V I Q
W E C I K B I Z Q Q N E Y L H S G
T N N E H T A H N Y S P I I Z H U
H G Q V J N V X S X D S U Q I A N
O D D I Y Y C O C O L O R F U L S
R E E T T G I I T U G O L D D A G
N Z T A D D N V R E R R L E S L Y
A I A R I X S I Z T V L R N I Z H
M N L O B Z D R M Y N E K T I H W
E A U C A W H A D O D E T F M C X
N G S E A B L N I R C E C V Z T E
T R N D O U A T O N R L M C X M D
A O I Y K D R R Z Y T J E Q E K J
L M L U F R E D N O W Y I W K P E
P C F K A L E I D O S C O P E Q V
```

111

G Is for Gingerbread

Every word listed is contained within the group of letters. Words can be found in a straight line horizontally, vertically, or diagonally. They may be read either forward or backward.

GALLANT	GLANCE	GRAINY
GAMBLE	GLIMMER	GRANULE
GATHER	GLISTEN	GRAPPLE
GESTURE	GLOBAL	GRATIFY
GIFT	GLOSSARY	GRUMBLE
GIMLET	GOBBLE	GUARD
GINGERBREAD	GOLDFISH	GUESS
GIRDLE	GORGEOUS	GUILTY
GIZZARD	GOSSAMER	GYMNASTIC
GLAIVE	GOVERNMENT	GYPSY

Answers on page 185

```
G S W E E E Q O G L I M M E R M A
U E B G O L D F I S H U S S E U G
I L T T N E M N R E V O G P W E C
L U O D U I W D G F C H S X C E R
T N Q O A P G U E G S U Z N K X G
Y A E B E E A L L G O U A Z G C L
Z R B E U R R A O E W L U R T W I
I G G R D I I B G S G L G E G E S
M Y K S E V B R R B S Y L R U A T
X N U C E L O F E E M A A I G E E
G I T G E G D X B N G T R Y G L N
I A Y N E G T R A Y I N P Y O B J
F R R F A S A S I F A S I B S M B
T G E C E L T M Y G Y V G G S U N
B K H G C I L U B Z H O I N A R Q
L D T L C U G A R L F D M E M G I
L B A O L S S I G E E W L T E H T
A O G B D D R A Z Z I G E R R R M
D G X A I X N S M A A S T P J O V
X F J L C Q E L P P A R G F A N P
```

Holiday on Ice

Every word listed is contained within the group of letters. Words can be found in a straight line horizontally, vertically, or diagonally. They may be read either forward or backward.

ARABESQUE	FREESTYLE	SKATE
AXEL	JUMP	SLICE
BACKFLIP	LACES	SLIDE
CAREEN	LOOP	SPEED
COSTUME	LUTZ	SPIN
CROSSOVER	PIVOT	SPIRAL
CURL	RACE	TECHNIQUE
CURVE	RINK	VEER
FIGURE	SEQUENCE	WALTZ
FOOTWORK	SEQUINS	ZAMBONI

Answers on page 185

```
D R D O S R W H R D I V E E R A K
X E I E F U Z Y I L R U C A X Y Q
S P C M T L U T Z A E S L I D E Z
F I G U R E A R A B E S Q U E N T
I U Q T E Q Q E F L S E D R P I L
O X H S A Z K X F L O W S B G P A
M Y L O X L P Y I F D B Z M N S W
G Y M C E R P C Y I Z O C E H E P
S P T Y L R E J K S G U E U L C Z
U P M U S T E T S V S R I Y U F Q
M H E U R N U V S M A F T R T O E
I P B E J A I X O C G S V E L O C
B N X A D L C U P S E E C J H T N
I C O I C D A E Q E S H M V P W E
G J R B A K E R R E N O K X I O U
G J J K M E F F I I S L R M V R Q
Z Y N T U A O L Q P O U L C O K E
A I G Y J H Z U I O S T B D T I S
R B W M I M E D P P J U H I R W T
S E T A K S E I O O S E C A L A B
```

Y Is for Yule

Every word listed is contained within the group of letters. Words can be found in a straight line horizontally, vertically, or diagonally. They may be read either forward or backward.

YACHT	YELLOW	YORE
YAHOO	YELP	YOUNG
YAMMER	YEOMAN	YOURSELF
YANK	YESTERDAY	YOUTHFUL
YARD	YIELD	YUCCA
YARN	YODEL	YUCK
YARROW	YOGURT	YULE
YAWN	YOKEL	YUMMY
YEARLY	YOLK	YUPPIE
YEAST	YONDER	YURT

Answers on page 186

```
Y D W I A B H H D P K G R X B U A
I T C E A E C X L F J Y S E E P K
Y U M M Y P P E Y E L L O W F W G
V F Y O L K W L R F L E S R U O Y
L Q N D C E A I U O Y Z E N A H B
X T R D Y I N C T F Y W Y C B R E
T H D S A P D S A O H A B R S L F
G C R S D P L Y K M N T X Q U M Y
O A U L R U Y A H K Y M U Y Q Y P
Y Y G Y E Y O R Y N E E D O B U U
O H N C T K D N Y L S A O Y C C
G M U F S V E N Y A R W H S D C V
U R O G E D L A A H R A J D T A J
R Y Y W Y J M M O Y S R E M F C E
T O S N P M Z O Y N D O O Y G U V
A P H U E Y H K J O W L Y W Y T D
K L I R H A R S P R K A E U D L G
R E M L Y Y O N D E R E Y I C T F
J Y N A M O E Y C V G Y L C Y K T
M I N S D R A Y U V R T R U Y P Z
```

Words Found in "Christmas"

Every word listed is contained within the group of letters. Words can be found in a straight line horizontally, vertically, or diagonally. They may be read either forward or backward.

AITCH	CRAMS	SCHIST
AMISH	CRASH	SCRAM
AMISS	CRASS	SCRIM
ASTIR	HAIRS	SHIRT
CARTS	HARMS	SITAR
CASTS	MARCH	SMART
CHAIR	MARSH	STAIRS
CHARM	MASTIC	STARCH
CHARS	MATCH	TRASH
CHART	MIRTH	TRIMS
CHASM	MISCAST	TSARISM
CHATS	SCHISM	

Answers on page 186

```
G Z P M S W A K T S I H C S I
I S K M D M M E I K M R P R T
A T A N S V I I N W A R I R R
V R D I S F S C R S F T A V Y
C A H K M Z H L H T S S C H A
A C H A I R B S Y A H Z S B E
S T S A R I S M S C R S W T M
T M S M T L D H R A I S P A S
S F A A R W I A S M R F R C A
A U B R C R T R A I T C H H H
S S N S T S I T A R S A N A C
M R A H C A I T H C T A M R J
M A R C H T S M A S T I C T I
```

B to B

Every word listed is contained within the group of letters. Words can be found in a straight line horizontally, vertically, or diagonally. They may be read either forward or backward.

BAG JOB

BAOBAB

BARRY GIBB

BATHTUB

BAUSCH AND LOMB

BEACHCOMB

BEAR CUB

BEDAUB

BEELZEBUB

BENUMB

BICARB

BILLY CLUB

BIO-LAB

BLOB

BLUE CRAB

BLURB

BOOK CLUB

BOOK OF JOB

BREAD CRUMB

BUFFALO BOB

BULB

BUZZ BOMB

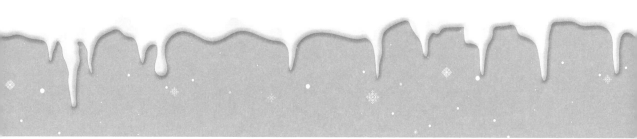

Answers on page 186

```
U W P B M U R C D A E R B R K
B M A X U H B U Z Z B O M B X
O L N N T B E E L Z E B U B J
J M U S S M E X A Y S T N Y V
F B H R B O K A J R H G E W I
O B O T B L R N C T C S B B B
K A R J Z D O J A H L U A O U
O R O B G N B B W D C L B Z L
O C F U I A K Q M O O O X W C
B E T L O H B G L I L X M T Y
K U L B I C A R B A P H I B L
Q L A T Z S B P F B S C B D L
C B B D P U L F K J A I H Q I
Z S T H E A U B U L C K O O B
A S K Z K B A R R Y G I B B T
```

M Is for Merry

Every word listed is contained within the group of letters. Words can be found in a straight line horizontally, vertically, or diagonally. They may be read either forward or backward.

MADLY

MAGIC

MAIL

MALL

MARGIN

MARKER

MARVEL

MAYHEM

MEAL

MENDED

MERRY

MESMERIZE

METTLE

MEW

MIGHTY

MILESTONE

MILK

MINGLE

MINSTREL

MINTS

MIRACLE

MODEL

MONTH

MONUMENT

MOSAIC

MOUNTAIN

MOUSE

MUFFLE

MUNCH

MYSTERY

Answers on page 186

```
T Y N I M L M M M A Y H E M D S O
O M L I M E O U O O L I A M F E L
N Z E D A L S R N U W O M K O J F
I W D W A P E M Z C S E U X B E K
G E U P T M D R E Z H E F M U F L
R H V M U V W E T R Z G F I N T I
A P E T Q J I R N S I M L N A T M
M A Z E C J T I L N N Z E T T N K
L V A I L R A C C V H I E S M E F
J O G N E T I M I O M L M U A M Y
A A I K N A T M K I M E M J L U C
M S R U S M O E R U O Y I T L N P
F A O O T D E A M U N P L L M O B
M M M B E O C N G K T O E Y I M E
I Z S L X L Q J D D H A S H G P L
A K H V E G B T N E S B T Q H G G
L E V R A M X J R U D L O G T N N
N B G C Y R E T S Y M E N N Y S I
R R C E U E W I V T A P E K G J M
B F L L S Y R R E M J P X S V Y Z
```

To the Slopes

Every word listed is contained within the group of letters. Words can be found in a straight line horizontally, vertically, or diagonally. They may be read either forward or backward.

BUNNY HILL

CHAIRLIFT

CHRISTIE

FALL LINE

GATE

HOT DOG

JUMPING

KICK TURN

LANGLAUF

MOGUL

NORDIC SKIING

PISTE

POWDER

ROPE TOW

SCHUSS

SKI BOOTS

SKI MASK

SKI POLE

SKI RUN

SKI SUIT

SKI TOW

SLALOM

SNOWPLOW

SWING

TELEMARK

TRAVERSE

TUCK

WEDGE

Answers on page 187

```
L E N Q E M P F U A L G N A L
L L U K S N O W P L O W G Q P
I O R C K S I B W D Y F S M I
H P I H Y T W L T W D Z K R A
Y I K R K O M O L A L S I O Z
N K S I T O H G E L S G M P E
N S N S P B S N P G A R A E S
U Z E T S I P K R M D F S T R
B M G I X K O G I U O E K O E
I G O E J S W F N S T G W W V
S K I T O W D R N I U K U B A
K R A M E L E T P U P I C L R
O M T F I L R I A H C M T I T
G N I W S S U H C S S T U C K
N O R D I C S K I I N G K J F
```

S Is for Santa

Every word listed is contained within the group of letters. Words can be found in a straight line horizontally, vertically, or diagonally. They may be read either forward or backward.

SADDLE	SEGMENT	SPRIGHTLY
SAFETY	SENSORY	SQUADRON
SANTA	SHEATH	STEWARD
SAPLING	SKILLET	STIFLE
SATURATION	SOCIAL	STRANGER
SAUCY	SODA	SUBLIME
SCAFFOLD	SOPHOMORE	SUBTLE
SCENARIO	SPECTACLE	SUMMER
SCEPTER	SPLASH	SUPERLATIVE
SECONDARY	SPLENDOR	SWALLOW

Answers on page 187

E X J Y L T H G I R P S E S I R D
L V H I T S C A F F O L D C Z P L
C S N T A Y T E F A S L R E X U C
A S F O Q S O Q S M A A E N S R P
T E A D R I T W X T K H T A H O U
C L C T M D A R N Y M H P R E D X
E F U J U L A E A Y M S E I A N W
P I X S L R M U R N Q U C O T E V
S T O O K G A A Q N G P S E H L H
Z S W G E I D T F S L E G E I P T
E F M S T N L I I G J R R L C S S
U R B S O Y H L S O Q L O T H E U
H O O C I S V A E T N A R B O M M
O S E M A W P N S T T T U U X Q M
J S O L O L A T N A S I W S A L E
S F P D I H E K Z I X V M I P I R
A S A N A W P A E G M E L D D A S
U Z G Q A N P O M O Y R O S N E S
C B C R G P K Y S S O C I A L W S
Y T D K I S U B L I M E U C O D P

Wine Cellar

Every word listed is contained within the group of letters. Words can be found in a straight line horizontally, vertically, or diagonally. They may be read either forward or backward.

BEAUJOLAIS

BORDEAUX

BURGUNDY

CABERNET

CHAMPAGNE

CHARDONNAY

CHIANTI

LAMBRUSCO

MALBEC

MARSALA

MERLOT

MOSELLE

PINOT NOIR

RIESLING

SAUTERNE

SAUVIGNON BLANC

SYRAH

ZINFANDEL

Answers on page 187

```
S Q U O J V M K M U N N R C I Q E
Y J O C S U R B M A L X H Z O L X
S E N G A P M A H C A A X D L R U
K E T C M J C M H S R F M E I V A
L U N J N P I D D D X A S E U Q E
E A K R P A W B O Z R O S P G K D
D N O E E I L N E S M L W X F I R
N C L C C T N B A A I I R D Y U O
A G H J A A U L N N U I W D O S B
F G N I Y B A A G O O J N E X I F
N M H T A Q E N S N N U O P U B R
I Q A P J N H R T T G G R L F L S
Z C R D I Y T O N R O Y I M A P Q
T T Y G M C N I U E C L S V S I B
M K S I U I W B N H T K R P U T S
V X A E P L D M U K V R W E V A X
U Q S P C E B L A M T S Z U M T S
```

Cooking

Every word listed is contained within the group of letters. Words can be found in a straight line horizontally, vertically, or diagonally. They may be read either forward or backward.

ASSEMBLE

BAKE

BARBECUE

BASTE

BOIL DOWN

BROWN

CHARBROIL

CHOP

COMBINE

CONCENTRATE

CRYSTALLIZE

CUBE

DICE

DRAIN

DREDGE

FILLET

FLAKE

FREEZE-DRY

GLAZE

GRATE

GREASE

GRIND

KNEAD

MARINATE

MASH

MINCE

PAN-BROIL

PEEL

PICKLE

POACH

PREHEAT

PRESERVE

PUREE

QUICK-FREEZE

REDUCE

SAUTÉ

SCRAPE

SIMMER

STEAM

WHISK

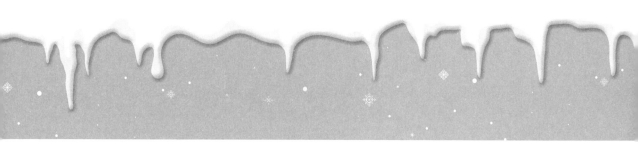

Answers on page 187

```
P T V W Y F D S G B G R I N D
A O P N Z R X P T R Z L B R A
N B A K E E R N E O A L M Z E
B D I C E E R A T W G T A H N
R E A V H Z S V U N J E E C K
O Z W E W E F L A K E L T O N
I Y A G T D Z I S Y C K S N D
L T H R W R T L L H T C Z C R
E P C C R Y S T A L L I Z E L
Z T U R G L I R Y M E P L N S
E B E R D S B N H A Z T Y T B
E N M C E R L S C R A P E R M
R T V Z O E A W H S K P D A A
F L A I R M E C U D E R R T S
K E L N T E B Z Z T A E E E S
C E T R I K M I N I C S D Z E
I P Z S S R N M N N H E G A M
U Z Y I A M A E I E O R E L B
Q Q H C T B L M D S P V B G L
N W O D L I O B A R B E C U E
```

H Is for Holly

Every word listed is contained within the group of letters. Words can be found in a straight line horizontally, vertically, or diagonally. They may be read either forward or backward.

HABIT	HEIGHTEN	HUMOR
HACKLE	HERBALIST	HUNTER
HALIBUT	HESITANT	HURRY
HAMMER	HINDER	HUTCH
HAPPENING	HINGE	HYBRID
HARKEN	HOLLOW	HYDRATE
HARMONIC	HOLLY	HYGIENE
HATCHET	HOPEFUL	HYPERBOLE
HEALTH	HUMID	HYPOCRITE
HEAVEN	HUMMOCK	HYSSOP

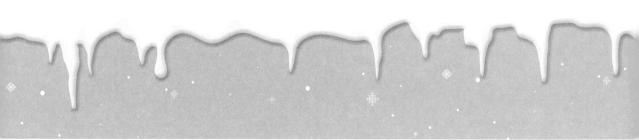

Answers on page 188

```
E L K C A H C P R T N A T I S E H
T B H U R S O E H D D M A S N T C
I U B B H S M U P Y G H B K E F X
P Y Z W S M M H R N Y J I N W C H
O A M Y A I E R I B Q Q K I O I E
H P H H D A U N R I H U T C H N R
Z Y K M V H E I P U L D E H H O B
T M D E V P D M D E U H Y Y U M A
M I N R P X R J N T O P Y A M R L
I W B A A E V E E P O X Q H M A I
R T H A T T I M E C E E F B O H S
W B C N H G E F R I R Y P L C S T
T M U U Y P U I A H L H R Y K O L
U H F H V L T L E L L E G N I H N
B H R I U E X I O D K H T L A E H
I O I E Z Q G H H Y P E R B O L E
L L K S I H Q R O M U H P Z G J J
A L I E T E G U D K H A T C H E T
H O N E S H I N D E R L Q H P O M
W W N W A I L C G H A R K E N E Y
```

Shrouded Summary

Hidden in the word search is a summary of a well-known novel. The words you need to find are listed below in alphabetical order; in the word search they are presented in an order that makes more sense. Words can be found in straight line horizontally, vertically, or diagonally. As a bonus, can you name the novel and its author?

DISTURBING

GHOSTS

HAUNT

HOLIDAY

INFUSING

MISER

PENNY-PINCHER

SPIRITS

VICTORIAN

WITH

Novel and author:

Answers on page 188

```
D I S T U R B I N G H L P T M
N N T D Y W A L C P Z A U P J
F P S F A C V C O F A A U E W
S I O A U V I C T O R I A N N
H S H X Z W C W I S E F Y N T
Z W G U G D U G A K Y W Q Y R
X U L V L Z J Q K L G V B P E
L C Z R Q X T E I M W I O I U
J K W M S W B G N I S U F N I
J K F V P K U U T S R W D C R
A Y A D I L O H D E K I N H M
F E N K R I I F D R B M V E Y
C O F O I C I F E C H Z M R O
T R V E T J A R L C D S J I X
N G Z O S A N G L Y E D Y U E
```

Beverages

Every word listed is contained within the group of letters. Words can be found in a straight line horizontally, vertically, or diagonally. They may be read either forward or backward.

AMBROSIA

BEER

BUTTERMILK

CAFÉ AU LAIT

CHAI

CIDER

CLUB SODA

COCOA

COLA

CREAM SODA

DECAF

EGG CREAM

EGGNOG

ESPRESSO

FLOAT

FRAPPÉ

GINGER ALE

GREEN TEA

HERB TEA

ICED TEA

JUICE

KAVA

KEFIR

LASSI

LATTE

LEMONADE

LIMEADE

LIQUEUR

MALTED

MILK SHAKE

MOCHA

NECTAR

PUNCH

SANKA

SELTZER

TISANE

TONIC WATER

TURKISH COFFEE

WHISKEY

WINE

Answers on page 188

```
H A M B R O S I A V A K Z A X
V M M I L K S H A K E B E E R
A A L M E N A S I T M T W N E
D E A K N A S R E H B I H B L
O R L I M E A D E R N V I U A
S C M I L A A Z E E P L S T R
M G N T H D E H Y G L S K T E
A G Z K J O T I Q Z K V E E G
E E E J P S D A K Y C E Y R N
R G P I J B E H M F F T F M I
C G P U G U C C Z F A Z R I G
A N A C N L I D O O V C U L R
F O R E C C R C L C M Q E K E
E G F C V L H F E N O L U D E
A R F R O S W V M N C A Q E N
U E V T I L M L O L H M I T T
L N A K M L A X N G A B L L E
A E R T I S N E A C B T G A A
I U H M S O C I D E R D T M Y
T O N I C W A T E R A T C E N
```

Snow Day!

Every word listed is contained within the group of letters. Words can be found in a straight line horizontally, vertically, or diagonally. They may be read either forward or backward.

BLANKETS	LAZY	RESPITE
CANDLES	MAINTENANCE	SHOVEL
CHILI	MOVIES	SLEEP
COOK	PAJAMAS	SNOOZE
ENJOY	PILLOWS	SNUGGLE
EXERCISE	PROJECTS	SOUP
FAMILY	READING	STEW
FREE	RECOVER	STORIES
INDOORS	RELAX	TIME
KIDS	RENEW	WEATHER

Answers on page 188

```
E C N A N E T N I A M H Z P J Z Z
G F A J A P D I E W E A T H E R Y
Z V R R H A S T C E J O R P S S G
J I G E T J C S K D P U O S J S W
C X W F E A Y N I O R U Q O L O K
F N P R R M A O L M O V I E S R U
A X B E D A T O I C S C E F B B W
M E C L W S A Z H K O P E M I T R
I X N A G A K E C S D H T S D E R
L G V X V M Z D W S S Y R E A S N
Y O J N E Z L O S E E O Z D Q D P
Y X M G W R L B L E O I I A V I S
U G N E E L B D G D T N R C L K T
R Y N P I L N L N J G I P O V J E
W E D P L A G I A T S Y P V T W W
R V P T C O F G E N J X U S J S S
E X E R C I S E U H K D I J E U U
C F G B E D A I B N Z E D E I R P
N J H S L E V O H S S G T P X V R
P R E C O V E R Z B M P R S V U Y
```

After Red, Green, or Both

Every word listed is contained within the group of letters. Words can be found in a straight line horizontally, vertically, or diagonally. They may be read either forward or backward.

ALERT	DEER	NECK
BACK	DOG	PINE
BARON	DWARF	ROCK
BEAN	FLAG	ROOM
BELT	FOX	SALAD
BERET	GAGE	SEA
BIRD	GIANT	SHIFT
BOOK	GROCER	SOX
CARD	GUARD	START
CARPET	HEAD	TAPE
CEDAR	HORN	TEA
CENT	HOUSE	THUMB
CLAY	LAND	TIDE
CLOVER	LINE	WINE
COAT	MAPLE	WOOD
CROSS	MEAT	

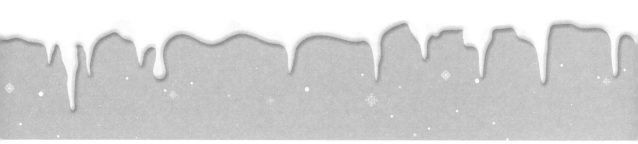

Answers on page 189

```
G X G X F L D C V S S O R C C
A P N U R N E J D A M K A R H
G I O F A N C C L A Y M T T D
E N I L T R K A P S N X M K T
K E H A M L D L M A T H O O F
A D O G D A E H E J J A O S I
A C U K W W R B A R O N R O H
T G S E A G O C T T I D E T S
H T E P R A C O J R N B E C T
U A X O F E K E D E U A N O K
M P C L O V E R D L A C I V O
B E R E T X E D R A C K W G O
R K I G R V E N B I R D C B B
```

New Year's Resolution

Every word listed is contained within the group of letters. Words can be found in a straight line horizontally, vertically, or diagonally. They may be read either forward or backward.

ATTEMPT	GYM	SAVE
BECOME	HEAL	SCHEDULE
BUDGET	INVESTIGATE	SHARE
CAREER	LEARN	SHARE
CLEAN	MAKE	SKILL
DIET	MODERATE	START
DONATE	PLAN	STOP
EXERCISE	QUIT	STUDY
FAST	RESET	TRAIN
GIVE	RESOLVE	TRAVEL
		TRY

Answers on page 189

```
Y E L U D E H C S W P E E K A M D
B M O D E R A T E G T T C K S D R
U T A O I N T E G J A Q A T E A V
G F S T U D Y I S G O L R R T E B
Q G H B T B V T I L O E A A G M
V I X E E E T J I C N E I N A M
X Z S C O B S V K I T R R N O E M
B E O W T E M S A P S E E W D V U
R M N C V W A V J S O I U X M L Z
E S Z N L A T P M E T T A P E O K
M T I V N E F C Z Q Z P S T N S P
K T V B R C A P Z A Q W Q Y A E B
P R P B A W K N U T G Y M U Y R F
G A L F E B W S T Y R S Y A I Y I
E T A V L B I B X H H A M A N T Z
E S N U H R A D H E S W V T C L V
P Z B U D G E T J A W P E E Y U R
X U A M K R M G O L R I J R L V B
U I I G S H A R E V D T T H U Y B
G H M H Q G Z M L Q T S A F S X X
```

Christmas Time

Every word listed is contained within the group of letters. Words can be found in a straight line horizontally, vertically, or diagonally. They may be read either forward or backward.

BETHLEHEM

CANDLES

CAROLERS

CHESTNUTS

CHIMNEY

DASHER

DECEMBER

DECORATIONS

EPIPHANY

FRANKINCENSE

GREETINGS

HOLIDAY

MANGER

MISTLETOE

POINSETTIA

REINDEER

SLEIGH

SNOWMAN

STABLE

STOCKING

TINSEL

WASSAILING

WREATH

YULETIDE

Answers on page 189

```
C W N L W M E H E L H T E B P
H Z I G R E E T I N G S O V O
E Y G N I K C O T S N U T Z I
S N O I T A R O C E D S E M N
T A S L E C C X C A N D L E S
N H R I N D H N E L B A T S E
U P K A A T I N S E L X S L T
T I G S W K M T H U H R I Z T
S P H S N R N Z E G E S M B I
M E J A N U E H O L I D A Y A
R A R W I O Y A O T U E B H Y
U F N U A Q W R T F U Y L Z L
Z Q H G B S A M S H H K N S X
R E B M E C E D A W D Y K V F
Z B R B Q R R E I N D E E R C
```

Near the North Pole

Every word listed is contained within the group of letters. Words can be found in a straight line horizontally, vertically, or diagonally. They may be read either forward or backward.

ALASKA	CHUKCHI	NORTH
ALERT	ELLESMERE	NORWAY
ALEUTIAN	FINLAND	NUNAVUT
ARCTIC	GREENLAND	RUSSIA
BAFFIN	ICELAND	SEVERNY
BARENTS	KARA	SIBERIA
BEAUFORT	LAPLAND	SVALBARD
BERING	LAPTEV	SWEDEN
BORDEN	MURMANSK	YUKON
CANADA	NORILSK	

Answers on page 189

```
N F J G J X T H N O R T H N P F F
I A T C B W D W S I D R U S S I A
F N R O H N S V N R C N I S R N V
F J Q C A J E E A E A E W Z E L Q
A Z D L T T R B V V D E L D E A K
B U P P I L A U E D R A A G N J
T A F A F A C T G E R L O R N D G
L R L I V X A K N T E N E B O D S
K C O S H O Z A R O E Y A N X A
N M W F Y C E X T R N P J B I F D
O S V H U L K X T L A A K S A L A
R K V I A A P U A N M L E X X D N
W S S M R B E N H S U E D N N E A
A N X L L H D B H C M U W O L K C
Y A B E R I N G T J C T L R M S L
R M E L L E S M E R E I P I A R S
V R S I B E R I A S A A S L F B V
O U O A S T N E R A B N B S S G T
Z M B M E M N L O J V N O K U Y F
B P B Y A P P X T R U J R Q Z K M
```

What's Hiding in "Merry Christmas"?

Every word listed is contained within the group of letters. Words can be found in a straight line horizontally, vertically, or diagonally. They may be read either forward or backward.

ACHE	CRASS	MERCY
ACTRESS	ECSTASY	MESH
ARCH	ERRATIC	MIRTH
ARCHERY	ETHICS	MISMATCH
ASYMMETRIC	HAMSTER	MISTER
CHARMER	HAREM	MYSTIC
CHASM	HEARTY	RHYME
CHASTE	HYSTERIA	RICH
CHEMISTRY	IRATE	SCREAM
CRASH	MASTER	SMARMY

Answers on page 190

```
O T I S S E R T C A H E R S
I N R S C L U D E A C E M I
R H A R E M I R T H E E S M
H R T A T I C H A S M R A E
C H E M I S T R Y Y S E R T
T E A M Y I A C H E R T C C
A S Y M M E T R I C T Y H S
M C A H R H A M S T E R E Y
S C M Y H S E M C Y S R R S
I H I S A A R T S H M Y Y A
M A S T E R R H C E A R M T
A R T E H C A C I S R S S S
E M E R C Y T T H S M C T C
A E R I I M I A T N Y D C E
H R A A R R C H E A R T Y T
```

Soup of the Day

Every word listed is contained within the group of letters. Words can be found in a straight line horizontally, vertically, or diagonally. They may be read either forward or backward.

BORSCHT

BOUILLON

CHICKEN NOODLE

CIOPPINO

CLAM CHOWDER

COCK-A-LEEKIE

FRENCH ONION

GAZPACHO

GUMBO

HOT AND SOUR

ITALIAN WEDDING

LENTIL

MATZO BALL

MINESTRONE

MISO

MULLIGATAWNY

OXTAIL

PHO

POTAGE

POZOLE

TOMATO BISQUE

TOM YUM

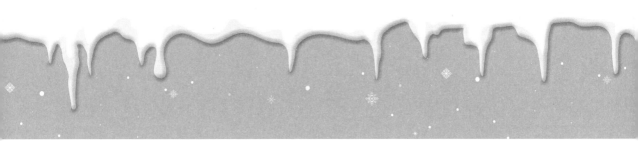

Answers on page 190

```
O E J F Y M T C W T I U X E T
B I E Z X B O R S C H T S O E
M K S O P O Z O L E A L S N N
U E M A T Z O B A L L I C O O
G E U Q S I B O T A M O T L R
C L A M C H O W D E R N L L T
M A H O T A N D S O U R I I S
U K Y W N P O T A G E Z A U E
Y C V R Q I L I T N E L T O N
M O M W H C P J S P M Q X B I
O C K M G A Z P A C H O O M M
T S F R E N C H O N I O N G G
C W Y N W A T A G I L L U M D
R E L D O O N N E K C I H C V
I T A L I A N W E D D I N G X
```

Good Place to Hide Presents?

Every word listed is contained within the group of letters. Words can be found in a straight line horizontally, vertically, or diagonally. They may be read either forward or backward.

ABOVE	COMPARTMENT	OFFICE
ATTIC	COVERED	OVER
BARN	DESK	RAFTER
BASEMENT	DISGUISED	SAFE
BASKET	DOWNSTAIRS	SECRET
BEHIND	DRAWER	SHED
CABINET	GARAGE	TRUNK
CELLAR	HAMPER	UNDERNEATH
CHEST	HIDDEN	UPSTAIRS
CLOSET	LOCKED	WORKPLACE

Answers on page 190

```
B A S K E T E F A S J B Y K N X T
C L O S E T K Z P Z E Q S V C X A
F K W B I R P J C H I Q C O O B Z
B A S E M E N T I Y C O M A O V B
T Y H U K T P N M M V P R V N G V
N R F X L F D W F E A C E E C J R
D A U G S A P U R R B Q D E I R P
H I W N V R P E T H O D U H T E T
O R S M K S D M Z O I J N Z T P Z
B F R G T H E A Y H R N D J A M J
G S F A U N J B B Q D M E D V A I
W S I I T I E C A L P K R O W H F
T R D L C X S N G L N B N Q E D G
S J R D N E K E R P E S E G M E N
G V A Y O V E R D A A A A P G K R
D O W N S T A I R S B R T G A C A
E U E J K T E N I B A C H R C O L
D Q R S W R H N S G S I H E N L L
I J E F S C H E S T F S H E D P E
K D Y Q R T E R C E S C D E H M C
```

J Is for Jingle

Every word listed is contained within the group of letters. Words can be found in a straight line horizontally, vertically, or diagonally. They may be read either forward or backward.

JABBER	JETSAM	JOUST
JACK	JETTY	JOYSTICK
JADE	JEWEL	JUDICIAL
JAGGED	JIBE	JUGGLER
JANGLE	JIGGER	JUICY
JAVELIN	JINGLE	JUMP
JAWS	JOCKEY	JUNGLE
JELLY	JOCULAR	JUSTICE
JERSEY	JOSTLE	JUVENILE
JESTER	JOURNAL	JUXTAPOSE

Answers on page 190

```
P J G B J E T S A M D B I V V C D
J R U W K C A J K V K G L O A C C
E E R G E J V C J R E T S E J W I
R L V B G E U A S T S S Z E P T Z
S U I E L L B I X T O G B S D A B
E J E G R B E K C G P J D W F A Q
Y J N W E X J R S Y A E E A U T J
M I A R U R V B X M T W L J J W G
J Y E G R J E R G K X E G V U A U
P J L L G A O G D C U L N O S U U
I U L E I E L S G B J L A F T N W
S N J T T N D U T I X E J F I C F
W G U G C B E F C L J S H L C H T
O L M R L Z K V F O E M E A E W R
G E P Z X C Z G U P J V F N U Y J
D J O U S T F G F J A Q V R R L G
R G Y T T E J G M J E S N U R L K
H J Q K H Z J O C K E Y V O J E G
L Y Z Q L A I C I D U J F J M J M
V I X Y D J O Y S T I C K O I S T
```

Chocolate

Every word listed is contained within the group of letters. Words can be found in a straight line horizontally, vertically, or diagonally. They may be read either forward or backward.

BABKA

BISCOTTI

BONBONS

BREAD

BRIDGE MIX

BROWNIE

CANDY BARS

COCOA

CREPE

CROISSANT

CUPCAKE

CUSTARD

DOUGHNUT

EASTER EGG

EGG CREAM

FUDGESICLE

GANACHE

ICE CREAM

KISSES

LAVA CAKE

LAYER CAKE

LOLLIPOPS

MACAROONS

MARTINI

MILK SHAKE

MINTS

MOCHA

MOUSSE

MUFFIN

PUDDING

SAUCE

SCONES

SOUFFLÉ

SUNDAE

SYRUP

TART

TIRAMISU

TORTE

TRUFFLES

YOGURT

Answers on page 191

```
G Y N V L Y I T T O C S I B G
B D X T L Z M I L K S H A K E
N M O U S S E S O D D B C P T
M G A N A C H E N R K O R U I
A B N E T C U P C A K E N D R
C Y O R R D M I N T S H Y D A
A E X N S C O N E S G E C I M
R K I I B M E V R U L O Y N I
O A M F R O K C O C C O Z G S
O C E F E U N D I O G S G T U
N R G U A U W S A U C E O R N
S E D M D E E Z R O R R T U D
P Y I S H G K T N E T I N F A
O A R O D G A N T E N Z A F E
P L B U E C C S M I K L S L Y
I G F F P R A Q T K I S S E S
L N D F E E V R T R T A I S P
L G G L R A A H C O M A O V L
O C E E C M L E I N W O R B H
L Z Q U S R A B Y D N A C T D
```

Herbs and Spices

Every word listed is contained within the group of letters. Words can be found in a straight line horizontally, vertically, or diagonally. They may be read either forward or backward.

ACONITE	CORIANDER	OREGANO
ANISE	CRESS	ORPINE
BALM	CUMIN	ROSEMARY
BASIL	DILL	RUE
BAY	FENNEL	SAFFRON
BORAGE	GINGER	SAGE
CAMOMILE	GRASS	SENNA
CARAWAY	LOVAGE	SESAME
CAYENNE	MACE	SIMPLE
CHILI	MARIGOLD	SORREL
CHIVES	MINT	TANSY
CLARY	MYRRH	THYME
CLOVES	NUTMEG	WOAD

Answers on page 191

```
N  S  O  R  R  E  L  M  M  E  Y  M  I  N  T
B  O  R  A  G  E  Y  D  A  A  C  J  G  H  L
C  A  M  O  M  I  L  E  B  R  H  X  G  H  E
T  G  R  A  S  S  N  F  A  N  I  S  E  G  D
A  C  O  N  I  T  E  G  J  R  L  G  A  A  O
N  A  N  U  T  M  E  G  E  E  I  V  O  G  O
S  R  H  A  Z  M  E  D  N  R  O  W  R  L  E
Y  A  C  A  Y  E  N  N  E  L  G  X  E  C  D
B  W  F  H  P  A  E  S  E  N  N  A  G  R  C
I  A  T  F  I  F  W  I  D  B  V  O  A  E  L
H  Y  S  R  R  C  U  M  I  N  A  C  N  S  O
D  M  O  I  F  O  R  P  I  N  E  L  O  S  V
I  C  A  W  L  B  N  L  S  E  S  A  M  E  E
L  Y  Z  C  H  I  V  E  S  V  D  R  K  U  S
L  R  O  S  E  M  A  R  Y  E  M  Y  R  R  H
```

Indoor Games

Every word listed is contained within the group of letters. Words can be found in a straight line horizontally, vertically, or diagonally. They may be read either forward or backward. Leftover letters spell a hidden quote from writer Teressa Skelton.

ACROSTICS

BACCARAT

BILLIARDS

BINGO

BOWLING

BRIDGE

CANASTA

CHARADES

CHESS

CROSSWORDS

DOMINOES

GO FISH

HEARTS

OLD MAID

PARCHEESI

PING-PONG

PINOCHLE

POKER

POOL

SCRABBLE

SNOOKER

SOLITAIRE

TABLE TENNIS

TIC-TAC-TOE

TIDDLYWINKS

VIDEO GAMES

WHIST

Hidden quote:

Answers on page 191

```
D I E R I A T I L O S L I K E
O W I N A C R O S T I C S T S
M E V I D E O G A M E S R S B
I E C A K P W S U S O E E K I
N C G O F I S H T C T H A N T
O A O C N S T E I R C A Y I A
E N O H G I N D L S A O O W R
S A L A N R S W P H T E I Y A
C S D R O W S S O R C T H L C
R T M A P H O O K U I O T D C
A A A D G F G E E E T L N D A
B I I E N N S D R A I L L I B
B N D S I N N E T E L B A T P
L G G B P A R C H E E S I U I
E G D I R B O W L I N G L T Y
```

Fire and Ice

Every word listed is contained within the group of letters. Words can be found in a straight line horizontally, vertically, or diagonally. They may be read either forward or backward.

BLAZE	EMBER	ICEBERG
BONFIRE	FLAKE	ICICLE
CHAR	FLAME	INFERNO
CHILLED	FLARE	NUMB
COMBUSTION	FROST	PYRE
CONFLAGRATION	FROZEN	SCORCH
CRYSTAL	GLACIER	SLEET
CUBE	HAIL	SNOW
DIAMOND	HEARTH	UP IN SMOKE

Answers on page 191

```
O D C N V O Q P K N O L O X C M D
K D D O G E J K H Z H T R A E H H
P W O B M O E I A L E A D B R W A
M B G R E B E C I E K R Q S I P C
H A P E Q O U P L Q A T K K F Q E
V N C B C R Y S T A L R E V N K H
W J Y M T Q P I T L F E T S O R F
G Y W E L C I C I I C N U M B Y A
X W M E M H G L H C O B S D P X K
A N O I T A R G A L F N O C S D B
H U M N G H L E A U I R E C Y I Z
K Y A Y S A H F C P E V O O Y A I
D C F B C H A L U A L R Q Z S M S
R C H I L L E D B O C X C I E O P
J S E A D A P T E H F L A R E N C
U R M C R T Z T M G Q Z Y Z Y D K
Y E F R O N R E F N I P S F R N O
```

Beauty Products

Every word listed is contained within the group of letters. Words can be found in a straight line horizontally, vertically, or diagonally. They may be read either forward or backward.

BABY OIL	EMERY BOARD	MASCARA
BALM	EYELINER	MASK
BASE COAT	EYE SHADOW	MOISTURIZER
BLUSH	FACE WASH	POLISH
BRONZER	FOUNDATION	POWDER
BRUSH	GLOSS	REMOVER PADS
CLEANSER	HAND GEL	ROUGE
COCOA BUTTER	LACQUER	SCRUB
COLD CREAM	LIP LINER	SERUM
COLLAGEN	LIP PLUMPER	SUNSCREEN
CONCEALER	LIPSTICK	SWABS
DAY CREAM	LOTION	TONER

Answers on page 192

```
L O P H I T Z R E S N A E L C
R R O U S P O L I S H R M O O
E E W L V U Q N W L S V N G L
P Z D B G Z L W E B G C L H L
M I E E B G B B A R E E S I A
U R R H S A M W F A W A H N G
L U E E B R S U L L W D Q L E
P T M Y R C E E R E J G O X N
P S O E U O R P C E N S K G E
I I V S S C Y A P O S S F L E
L O E H H O F Z Q I A Z O R R
I M R A R A C S A M L T U E C
P A P D L B O B O A I Q N U S
S E A O E U L R R O P I D Q N
T R D W G T D O N V L T A C U
I C S W D T C N D E I O T A S
C Y C B N E R Z Y X N L I L C
K A R Z A R E E C R E M O A R
L D U Q H L A R Z Y R H N B E
T D B R M E M E R Y B O A R D
```

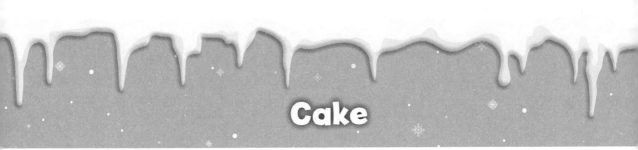

Cake

Every word listed is contained within the group of letters. Words can be found in a straight line horizontally, vertically, or diagonally. They may be read either forward or backward.

ALMOND	FRUIT	PEAR
ANGEL FOOD	HONEY	PECAN PRALINE
APPLE	ICE CREAM	PLUM
BANANA	LADY BALTIMORE	POUND
BLACK FOREST	LAYER	RAISIN
CARAMEL	LEMON ICEBOX	RED VELVET
CARROT	MANGO	SPICE
CHEESE	MARBLE	SPONGE
CHIFFON	MISSISSIPPI MUD	TURTLE
COCONUT	MOCHA	WALNUT
CRUMB	ORANGE	WEDDING
DEVIL'S FOOD	PEACH	YOGURT

Answers on page 192

```
M A R B L E X Y C A R A M E L
I L H L A Y E R F D S D V A E
S M M C A N G L F P S L D P M
S O G S O N I S I A R Y E E O
I N D H S M Z C N N B A C C N
S D O O F L E G N A C P A A I
S E O T C V N L L H V P R N C
I S F L C H T T B L C K R P E
P E S C O Z I E G N A R O R B
P E L H C M M F V J H V T A O
I H I C O A D B F L Z W V L X
M C V R N N Z M N O E X E I Z
U G E Z U G E U L M N V L N G
D R D C T T L R G N I D D E W
V E L D R M P C A L P P D E R
E G Y U A E P N L E M N T L R
T N G G X M A N G O P I R T T
P O U N D N H M S Q U N L R R
Y P H W A L N U T R G P L U M
P S C B L A C K F O R E S T Y
```

A Right Jolly Old Elf

Every word listed is contained within the group of letters. Words can be found in a straight line horizontally, vertically, or diagonally. They may be read either forward or backward.

ANIMATED	GLEAMING	PRANCING
BOUNCY	GLINTING	QUICK
BRIMMING	GLORIOUS	RADIANT
BUBBLING	HAPPY	SPECTACULAR
CHEEKY	IMPISH	SPIRITED
CHUBBY	JAUNTY	SPLENDID
DAZZLING	JOLLY	TWINKLING
DROLL	LAUGHING	VIBRANT
DYNAMIC	LIVELY	VIVACIOUS
ENERGETIC	MERRY	WONDERING

Answers on page 192

```
S  P  L  E  N  D  I  D  C  Y  G  D  Q  E  M  B  R
C  B  K  Z  X  V  C  V  K  I  A  W  Z  C  U  W  B
T  W  Y  G  C  E  I  E  R  Z  T  H  A  P  P  Y  C
D  K  H  N  P  W  E  V  Z  V  B  E  G  I  O  F  R
W  W  U  I  P  H  G  L  A  U  I  N  G  C  X  L  N
L  O  D  M  C  B  I  N  B  C  I  B  G  R  A  T  L
A  N  Y  A  S  N  O  B  I  M  I  N  R  P  E  I  O
U  D  N  E  G  O  L  U  M  T  I  O  N  A  V  N  N
G  E  A  L  K  I  C  I  N  L  N  O  U  E  N  E  E
H  R  M  G  N  R  R  J  K  C  G  I  L  S  E  T  I
I  I  I  G  G  B  J  N  S  L  Y  Y  L  M  D  B  B
N  N  C  U  I  Y  I  E  O  L  X  E  X  G  R  K  M
G  G  Z  F  L  W  D  R  L  M  K  C  I  U  Q  S  J
B  M  L  J  T  A  I  O  P  R  A  N  C  I  N  G  Q
Z  E  L  F  V  O  J  C  Q  U  E  I  M  P  I  S  H
U  R  O  W  U  N  V  O  L  D  R  A  D  I  A  N  T
M  R  R  S  U  W  J  A  U  N  T  Y  S  X  L  Y  U
E  Y  D  K  O  Y  S  P  E  C  T  A  C  U  L  A  R
D  E  T  A  M  I  N  A  D  E  T  I  R  I  P  S  L
E  T  E  Z  E  A  O  K  C  Y  B  B  U  H  C  U  O
```

Every word listed is contained within the group of letters. Words can be found in a straight line horizontally, vertically, or diagonally. They may be read either forward or backward.

ANNUAL	DINING	KARAOKE
APPETIZERS	DRESSED	NEW
ATTIRE	EVENING	NIGHTCLUB
BASH	EVENT	PARTY
CHAMPAGNE	FORMAL	RELAX
CLUB	GAMES	SINGING
COCKTAILS	GATHERING	TRADITION
CONFETTI	GLAMOROUS	TUXEDO
COUNTDOWN	GLITTER	WISH
DANCING	HOURS	YEAR

Answers on page 192

```
V  R  I  Y  B  U  L  C  V  W  W  O  A  D  V  K  J
T  R  X  Z  D  G  N  I  G  N  I  S  U  D  O  D  N
F  M  D  C  B  N  M  C  V  K  T  N  E  V  E  O  A
C  S  J  S  R  E  Z  I  T  E  P  P  A  R  I  N  Q
I  C  N  E  Z  G  D  E  L  S  I  J  E  T  I  L  N
M  O  K  I  W  L  E  F  V  J  Z  T  I  G  Q  V  V
L  N  X  U  I  A  S  U  K  A  T  D  H  W  P  X  G
S  F  A  D  S  M  S  X  T  I  A  T  F  D  T  O  A
L  E  L  L  H  O  E  X  L  R  C  B  A  S  H  D  M
I  T  E  J  F  R  R  G  T  L  G  K  X  W  D  B  E
A  T  R  Y  Y  O  D  C  U  D  A  N  E  D  C  F  S
T  I  D  D  C  U  R  B  H  R  R  O  I  O  D  A  K
K  D  U  A  J  S  R  M  A  A  B  N  U  N  T  J  X
C  I  S  X  N  X  E  O  A  N  M  N  E  T  E  L  O
O  N  L  R  B  C  K  A  A  L  T  P  I  W  A  V  D
C  I  B  D  A  E  I  S  J  D  P  R  A  U  L  T  E
I  N  B  U  F  E  R  N  O  N  E  A  N  G  J  D  X
L  G  B  F  B  U  Y  W  G  K  W  N  R  G  N  N  U
K  L  O  L  O  Q  N  G  F  Z  A  M  I  T  T  E  T
R  B  E  H  G  A  T  H  E  R  I  N  G  Y  Y  B  C
```

Answers

Rudolph's Nose (pages 4-5)

```
R Y P M F E H R Y P R U D D Y J U
W E A T S G Y A L N S H I N Y M F
J G D I V B J I T W G O V E D R G
Z E R A U Z D L H U O I C U A E H
M E T R E Y B U G A G R I C Z E W
C N J A C L L C I O I P D S Z T N
M D P M R B T E N M L Z A E L S J
N M L R U E V P S C L J E R I R L
M R Y D E P B O C P U E H I N Q F
K P F S X C N I O K M G Y Y G R Q
L I E C T B E W L T I G X N O H I
H I Y S P E E D N K N G E N N N I
V Y G Q T R R A E I A L T I U S C
W I Z H F C I I D L T O P V R J T
B X V U T L E I O B E W I V D N Z
D R L I L H U R R U S I L H X P B
T T I I D G V M I E S N O R O S Y
V W R G W P X L C D D G T Y B P I
Y B J F H S U P E R N A T U R A L
O N Y N M T K U B D N U C I B U R
```

Holiday Spice (pages 8-9)

```
S T G L A P S W G E C P A W H J E
S A V O R Y E N A R U Z Y F Y R C
P W G Y D G U P A C Q K C E C O I
E A L E O T I N P E G T Z N N S R
P F H A M A B N Y E C N G N A E O
P U B E L E U X G B R I N E D M C
E R G E R L T D O E A M P L Y A I
R E L R O Q I B D N R R I S R R L
C P Y Q M V J N I O J A B N L Y Q
O I J R D G E S A B E E E Q T L B
R N P W E V E G P V G P B N Q E A
N U C L A D A V C C Q S O E R N Z
S J X L E C N A M H P M D V L W Z
D N O M L A A A B U A C J O Z T G
F B L E Y R R Z I N L M I L M H T
J Z L G V D L A N R Z L O C A Y L
W J S N W A S G A O U I M I M A
O A J A Y M C N K U V C D N I E S
X J C R R O T S E Z S S S Q G L A
J E C O L M C P O T P O U R R I E
```

Santa's Workshop (pages 6-7)

```
S S H G L I M M E R I N G G C C V
E C N S K Q K O W D G J C N U E T
X U T V L R Z C N L F C G I L L N
O D M N K O H G I A P F R R I V X
B O R X E A O T P A R T S T G E C
I L Z E R M T T I S P A E S H S Q
E L R M M E T B E N H P N P T S D
S S O R M T R I E V P E P S L N
N A D I Q M A V O S M E F L S I V
O I N D H M Q H H S F Y N E J A D
B G I K W A Q J H I S G C T H N U
B V C W S G I U S R N A S N O Q O
I M E E Y I T Y C I L T B G A R J
R V A E J C O A L W F A B O S F Y
V J S F V T N K V I A W I S W M K
A V E P H D R P G F S S O C B S Y
J A L F Y A M Y S T E R Y O E Y U
N G E K P K I T E R C E S Q D P S
V T S S X G N I T N A H C N E E S
I Y S B Q O M L I S T S W Z C A N
```

Plumped for Christmas (pages 10-11)

```
D I P P E D F Q N E K C U D R U T
F R U H S E I R T S A P B N A W G
C R W H I P P E D R D L U Y K D F
P J O U N R D E W E T S I P G G O
U U X S A R L O K M O L A S S E S
B B N P T J E A B N O A R O M A E
D R D C L E C G P U D D I N G T E
P A A E H T D S H O R T B R E A D
X O A I I S E C O N D S P Q O T A
S L C U S D T V I R B W H C T O N
E C R O D E N F H D O G S U I A U
L F O E N E D A G E E A E T P S B
K S V Y D F V Z C O A R S T P T A
N D T E V E E R R A N P E T L E K
I G M U U A Z C E V J G I T E D E
R W V R F I R A T S J M G N T D D
P I M H K F W G L I E U J E G U U
S D M C H X I E Q G O R O H M G B
I B C H E S T N U T S N P Q Y H O
W L A R F Y I A G T E K S A B U I
```

Answers

Presents for Kids (pages 12-13)

The leftover letters spell: "Nothing is as mean as giving a child something useful for Christmas."

```
T O H S G N I L S N B N R O T
H X O B E H T N I K C A J I N
E N A C Y D N A C G C A L E I
E R E C T O R S E T C O S L A
E S M S E T A N O K A S L B G
P I V R L I N S L L O D B G
O C H E M I S T R Y S E T A A
R C D K F M H I L D S O M R E
P O T C H R A T O Y T R U C K
M O D E L A I R P L A N E S I
U N T H G U S S B I C Y C L E
J I E C F U L F B L O R O C H
K R A I R R I F L E E I S Y T
M H O B B Y H O R S E S A S O
```

Heavenly Christmas (pages 16-17)

```
S J W A D L W Y S N D G Y T T I Y
C H H E E Q Q E F B N R S M G U B
H Q I Y D S U F B I O I I C Q A U
W Q T N U H C K L L L B G R Q H T
L H E F I B W L G V U R A A D M H
K E S Q D N A F E R L H J I W U G
Y A R T H F G R E D N P Q N I K I
Y V T L A F S H K N P O T B C T L
E E Y R L R C G C E S U Q O A G T
J N D Y O A R B E C N T T W X M S
C V I V B D R Y J S O L S T I C E
F N D L I I N R U A W U F O T H P
G L A Q G S M E L Z Z A D E B L M
Q Z U H T M I U L A N L E G N A E
E S T R I B H T A P Z S L E E T T
Q L G D R F P A A L S G T O T J N
Y B U N O Y A E D T C E L F E R V
Q J Y N I V R H B D R A Z Z I L B
Q F P W Z W E A C H A H G I E L S
G J F J D P S T C E S Z O Y D U W
```

A White Christmas Means... (pages 14-15)

```
E Z E E N S V Z F H I W E B A C V
O D E L A Y S I J D R I F T O T L
Z G B U H I C P N Q S R M Z J R H
O R L D S Q V P C I E J Y O J X D
L E A I C U I E U W D L W U E T A
O A N R A W H D O S B L U S T E R
O W K C R Z X L H G K S L R Z Z B
W H E V F Q B O X S L G L O V E S
Q L T I O W V V T A E V S U J U
K E E J O E J E P A B L I C V A N
Z N U N L E S P F S O C T N O M J
S N S J Q L E R S I S C L F A R R
L A I K U R O R V T I M R C J E V
L L S S Y Z E C I N D B N E P J B
A F H V E Y F D A D K G O A V W P
B P K N A J E Q X U X M R O U O W
W Q M L Z V H N O T C A R T J R
O W J O P L O W T C S I T J F S I
N B Y A T L L I H C X P O E L I V
S Y T A H S P H G U O C J N I J H
```

Getting Crafty (pages 18-19)

```
M C G M U Y U S N X K Q Y J Q X O
S O E P Z Q Z B E L D B U L R X K
R V Y Z F L J A R L R U S I L N T
H V S L I C N E T S I G C Z L O S
V P O G L I T T E R I T S V Q T H
W A B U T T O N S W K F X N P T N
C T Q E L N T E T B V S R E N Z E
I T L S N O Y A R C E I C E T O L
S E N N P U H U N S Y K M X D D D
N R C N M K S O C D B E R I C Y E
I N S P V H B I R O G E G K X Y E
U A O F E B S S U N L N H C A S N
Q Q W S I S R G A U I A E O H D B
E W B R O D H R R P C G T E A R
S M R R S S R T K O R F S U E E
C N S E C A G S V W X Y L D H B P
F F W G A L E Q N Q D L O R E H A
F Z G E U T R H V F Q I R A P Q P
R L R E S L H V Y Y M C A C A H N
Y R C Z T I S S U E Y A L C T E T
```

Answers

Winter Wonders and Woes (pages 20-21)

```
S K N G J H J B S S R E F T G
E R V V S P L W N S M R S Y G
C B S Y P A G O L I R Z Y K N
I V R I C K W U P M M W M F I
B N S K W A S W S A D F I M T
Z U I N N H Q S A X R G L E A
T C V G O R E Z B U S Q L L K
E E E A G W R P T B P I I T S
C L E M Z J M D K S O C H I S
S E P L L X P A A G T I C N A
G D Y I S A H L N A H C D G M
C S E Y E A T N K S O L N D K
S H O V E L I N G B L E I D Z
B A Q H X Q V N T K E X W W Q
Z L L A B W O N S N S P L O W
```

White Christmas (pages 24-25)

The leftover letters spell: "To perceive Christmas through its wrapping becomes more difficult with every year."

```
T O D P E R D S C E I V R H E
C H A R I O S G S E V L E P T
M A N S N T H N I R O U C L G
H Y C N T N I I T F S W N O R
A M E P P E I K N G T B A D C
E R R N C Z M C J O M S R U S
E E S S M T R O O F T O P R T
M H M O C I L T C R V I X E N
E S E A S L H S D I D F F I I
R A N C Y B A C U L T W I T C
R D H E O V E U R Y Y E A R K
Y U L E T I D E S N O B B I R
```

Oh Christmas Tree! (pages 22-23)

The leftover letters spell: "Good King Wenceslas looked out."

```
                    G
                  J O Y
              S E L D N A C
                O G O
            L D K P H O L L Y
        E C A E P T R I N K E T S
            I S L L E B G
        S I N G I N G A S N G M G
    Y T I V I T A N I I W E A E L U Y
          S E I M D T F N N
        S A N K A I C T G T U T E
      S S E T C L N N Y E K R U T S A S
  T S O R F G O A N G C R S N O W D S L E I G H
          T N E R E E D N I E R L O
        O S K R I E L P C I D E H C E R C
      G N I D D U P T S I H O H P A C K A G E S
    S A N T A C L A U S E E E P O N O I T A R O C E D
                  E E U
                  H R T
                S M A G I
```

Cozy Time of Year (pages 26-27)

```
I X A L E R C O Z Y R W J E H R L
H W G Z Q E D C P D E P R C X F I
S O X B L I Q L E E S P P O Z O E
X P T D C J E L L A T W L M G Q S
F Q I A F A I Y T S F Q A F K I O
T E L A S G F L M I U N I Y B W P
T P S A H M W L S I L Z V L C S E
N H N T F R I E N D S H I P O E R
K T F X I Z O R C T W S V E N Y Z
V U X T T V G G X A S M N L T R D
L E G G Y H E Z J F E Q O G E E M
F H D H Z Y T E I A G P C G N E Z
L I V E L Y C K Z X I U I U T H E
B H A R M O N Y Z C D R T N H C S
B T N E M L L I F L U P V S Z B A
F A A L D F F H U M U T E E W S E
L L I W D O O G D T R A N Q U I L
P X B A J W A R M T H L D E R I K
P A H D Q G R Q C E R U S I E L E
N C U N C I W P L U S H H A P P Y
```

Answers

Holiday Break (pages 28-29)

```
U S E I T R A P C A R O L I N G G
X K T R A V E L I N G Q G W L R N
Y A X E S A F G I S D N R T U G I
C T N H G H A R I S I X C Z I N P
R I L J M M O M G S K O U C O I E
A N Z E I T M P S N O I H Q G K E
F G G N T E O E P K I A I N U A L
T B G N R T R A I I T P I N X M S
I B W I I T E N S T N T P X G Y Y
N S N N S T G R I T I G Y I J R M
G G O E V M S N S S I F H Q S R T
L F D C L A G A I K N N E K H E S
E W S Y I E N V O T R E G P K M S
I R S L R A M M T R A E Z H C S V
S A E S E K L G N I G R A H C E R
U P I Z D D D I N I N G O D C P Q
R P R E I T D Z Z J E D C I I Z
E I O Y N R Z I N I K Z Z O E N Q
P N T R E S T I N G N A R W V D G
Y G S W M H S G B G Z G B W H B M
```

D Is for December (pages 30-31)

```
Y Y H V Z T A D U R I A N O Q C J
P T Y R E L L O R D P O Z W P Q O
E I C O O F Q R Q D A P P E R P D
V S T V W N O I T A R A L C E D U
R N E J W M D S S Y I S L T E L P
E E D I M P L E P D B A A C H C L
S D S U L L T D F P I C X C A D I
E T Y D N A D M J E I G X J L E C
D D A I R Y P M O L R S E P T L A
C D E P O R T M E N T E G S R T T
P K R A R I J D F M D D N T T A E
O Z E D O E T F Z I R D R C W D D
L D T A X Z B M A A N E R Y E E A
L E N R B L Q M W Y S A O L T C M
O L A I Y X O S E S Z C C Y G I A
D I C N D N T I E C N O E M F B S
P G E G D R W D N I E N D A R E K
D H D I I R T U V M B D J E F L A
P T E N D E C I S I O N X R K I P
V K G M D U S T P A N P M D Y U F
```

Cold Weather Garb (pages 32-33)

```
C U O F E T P S E H S O L A G U I
B B L A N K E T E I F W S M Z D L
F T S W P A R K A R E T A E W S D
L F L O H P K Z F L A N N E L E U
E F A O M C C M I T T E N S T Z O
E U M L X A E J A C K E T L I N T
C S R T I F N J P O K B I N N W U
E Z E G C E E I V M R U A Y S O K
F G H S D O L D I U Q S W E U D N
V T T I C U T M F M T C V E L U I
A M J Z Y H R E K O E O G Y A L T
L S T A D O U A C P L R O D T G T
E S A S K V T K V G S R I V E T E
N R O A X N I H M A U H E N D O D
K E C L G N A U C D L S A Q O Q I
I Y R P G F J H R Q T C F W F U L
N A E S Q F A O S T Y A A B L E Y
N L V J Y W C O E U P K O L P X F
F Q O S H E A R L I N G N H A H Y
I U Y F S T O O B D M O J E F B R
```

The Heart of Christmas (pages 34-35)

The leftover letters spell: "He who has not Christmas in his heart will never find it under a tree."

```
H E W D R N H O H S M A Y S N
O T S L E I G H B E L L S C H
R I T X P C S T R T L O D H S
M A I S A I K R N O E L R T I
H V D N P C Y T J Y E H A A I
M C I S G L H H H S T R C E C
E A N E C G N E C S R R A
H H G U I U R I T W H E O W G
E O S I P D T N I W I A S R I
L L L I P L O T I N M R L N F
H L D E A V E N D R N E E L T
T Y E K R U T E N F E G G I S
E N D I W E E L T E Y N N U N
B D M Y R R H I E R R A A A T
R E K C I N T S N O W M A N E
```

Answers

Founding Father Wisdom (pages 36-37)

The leftover letters spell: "A good conscience is a continual Christmas."

```
A G O C H R I S T M A S O D G
E P I P H A N Y T I V I T A N
F S D C N E M W O N S E D N I
R T F O N Y U L E T I D E C F
U U S R O W C I H P E N C E F
I N D J A E C G N E E N E R U
T T I O S N I I O L G E M E T
C S S L L L K T A V O M B H S
A E H L C P E I O E N E E S R
K H O Y M L H N N S G S R A E
E C P U T T I N U C G I A D L
L C P S A L S E C N E W H R O
I S I S L L E B E L G N I J R
T M N S U A L C A T N A S M A
A S G N I D D U P M U L P E C
```

Chilly Search (pages 38-39)

Leftover letters spell: "A lot of people like snow. I find it to be an unnecessary freezing of water."

```
A L O S R E V I H S T O F P E
O P L W H I T E O U T E S R L
M S N O W C A P I K E F E S N
F R T N F R E E Z E O T I W R
R I O S L U S H F P S I R R E
O N D T O R E I C A L G R I D
S E T G S R T O E N B E U A W
T L N A U W F R N S A N L E O
C C E L E S O R S D A L F R P
Y I F E R N E N A L E Z A I N
G C M E T I B T S O R F O V F
W I N D C H I L L C H W A T A
R O R E Z B U S E K A L F E R
```

Holidays Gone By (pages 40-41)

```
K S S P R I G M V R O A T W U C J
E L D N A C I A E Q Y R I I M T W
H L C Q U W W M P U V T D Z J S M
M F O P A I M E L K G N I W O L A
K U I Q L U P E N N Y M N C H O L
R T T R M I T K L L H X G O D N R
A D H Y E I A D B I S R S R L M L
H I H K D P N S E Z A B W N G I A
C H E E R A L Q S U W T O U C S T
H N D V L U U A M A T N B C R T I
S D Y R M W R L C U W F L O N L C
E X A Q V E P A Q E L O A P B E E
G G L B V K I T D I C L T I W T R
N H E E T Q J S I A U K I A T O H
A V L L W J B O R S D T O N M E G
R S B E E O P O I A K U N S G J I
O Z U B E R L M A T I N P A O L N
W N A T R I U L M I R M D B W P K
W B B D N X M A A F V W W L E O N
T R Q G Y Q S A L T N U Z B L Y C
```

Tastes Like a Christmas Cookie (pages 42-43)

```
K R J G I N G E R B R E A D K V L
V C R U M B L Y I T Y C N Q O R D
S P O W D E R E D L E A E U Z E O
B E W A F E R D K E P H Q G T V R
G G P X B D R R Z I P I I S W Q N
T A T I F D A R Z I Y A U Q J H C
N X V L R P E R X R W D H M Z U R
L O T E S T A C E I L N P S I K U
E A M M M S T A L S D U U N F N
S W S A D R T Y L D A B H T G S C
R B T R N U P K M R E E A C T I H
O V B A B N Q Z O W P N M K N Y V
M F R C N H B N X J Z T T E U J
R W U I W G D C D R A G U S A D M
H R M C S P R I N K L E S A N O W
F I G I P T N I M R E P P E P V X
W I X N G I H I T C A O C O C V M
O U M G N U T M E G X F G H V B D
B G N I T S O R F B I F B P S D T
J N D A E R B T R O H S Y T G B U
```

Answers

Heading Home for Christmas (pages 44-45)

```
J S Y Y V G W Q E S K H E N T U B
Z D Q M I M H A J R U O K A J E B
K W G H J S R A K R D H E N N Q U
R O Y M A R U Y R R W G R A G C C
A R A D I N L Y U T A E L F O A A
B C Y V T R R E K Y V P T F J L O
M J A A A T S W O O R U L H A E E
E L D E W C R V Y I H I L B E Z W
O Q N E D A J A A O G W O F U W W
V K U X E C L A N H X K D Z E B K
E J O P T D R I T S Z F G N U K S
R F B J O I E T P V I P I U Q I A
N E T W U B A P S Y H T N Q D X F
I R U U R B C A A A Z U G R U S H
G R O N W R M A E R C D E K C A P
H Y B H R D X X R K T E A J Y W N
T B U S X U Z O H J S U R T U M F
B S B I A P T I R L L Y R O A W T
R E H T A E W E P Q O A S E F X J
T R A I N P Z N R W G S U Y S C I
```

N Is for Noel (pages 48-49)

```
Y F E V B V G A X X W L M R Y Q J
Z T N O G G I N E V R E N E M E Y
P B R C Q V P L I A N A P T C L H
K I L E W E Y F E C L E S Q A J H
G E N O P N C J E M E P S R T N P
N L B O N A Q I Z D P T E N Y E M
O D K A R L P C T N A M Y R G P Y
I E N F E M L S O O U G A T Z H N
T E N V L G A Z W N N S K X A E R
I N A K L A Z L M E S V U A L W T
R N V G N L R E K E N L U T G F F
T Z I L E E D U C B E G S H E G E
U G G W E R I E T K U E I O L M N
N E A Y V O N G C A N E J U E O H
N R T I C G N I H O N V I Q B A E
O E E S L N N Z F B D X D L V M S
O H V O J G N I H T O N E O O H R
D W I N I M B U S U T R P A K P U
L O G L U W N O R T H E R N C V N
E N J K R A T C E N T A H P C Q P
```

Holiday Greetings (pages 46-47)

```
V C N U L I C B Q Y Y E A R L Y C
T L F O K P J Y L R O B H G I E N
P J A A I O F W C P T J K I N L X
S X Z N Z T E V Y O S Z V D A L N
G C I G O L C M S U N G K I C C B
N Q K K C S Z I M S L V D O K H D
I R E O H A A M D I B R I X T E D
T J M B N P O E N E O J Q V L E N
E E R F R N U V S C N R E Z I R F
E C A V S U I T G I A E T S Z A D
R O W G J T T U M T K R B N J W L
G K E X A K T S L H U V Q O B S R
E N U T R O F E A L A E Y I L I V
Z D I S S V F K Y O R I Y T E N J
F O E K G T H L X A T V L A S C W
N U C E R N I A F C A O L T S E I
F U K A P R I C R D H L H U I R S
L I E D E E Z D G K O W O L N E H
T H M V N K S V I Y L V P A G C E
A D T I L R C T H T A T E S S G S
```

Christmas List (pages 50-51)

```
W G W P O Y X Y U P S E S K J L B
H E A D P H O N E S D L Y K A I E
M R C X O Z A C R U P U E T J B E
U E T E K C A J C A T A I E H Q G
S T H K W M L A W E O G T L H E A
I U R L E H T Q V E / O N G Q W T
C R E R R I T X B D Y V O O A O N
P N A M O E T A C I F I T R E C I
Z A S N A R D G N U B F S D Y Y V
L B A E X G L A J O U I I O D R H
R L F J H J T C R C T V K A Y L K
D E C C M T H O J G X I O E B E O
D E T I K V O A O F P L C C O W O
S O L U N C Q L T L N U D K R E B
W E M I P Y B D C W S X L C E J L
N V O E C M O G O B U B B L Y T F
I W P H S I O D N Y J R C N M B S
Y O R Y S T O C D C U L I N A R Y
T A S V Q X I U T J Q P Q E Y O V
R O B O T I C C S N P R O J E C T
```

Answers

Red or Green (pages 52-53)

Leftover letters spell: "To shorten winter, borrow some money due in the spring."

```
P B T O S B H H O R N O S R T
A R E R A D E C N F R A W D W
R E I C O R A L L A L E R T N
T A D H R S S I T A S T E R B
Y S S I G H E A D O R K C R G
E T N N T S L O W C P O C U S
K G I A A G B O M E A M A A O
N W A E P L A N E T N R N E B
O Y T W E P T G S T D M P M D
M U N M I L E T E N A E U E I
H O U S E N G R A P S H I F T
B L O O D C E L L E T T E R N
T H M R E B V E S P M R I N G
```

Every Kind of Package (pages 56-57)

```
N P M K Q U I N Q Z B R B X M B C
S C A N I S T E R G E F G D R A S
I V J B W L P Q S N R L L A X S E
C A R T O N D T I E E M J B M K W
Q F L E B I O A S U C U P O N E D
T Z A N S C T A J B T W N T W T E
K A C L K N C M A K A V J T D Z L
C C I I O O V G E U N P T L Z T I
A H N C Q B O X P D G J I E X E V
S G O T C T U G O Y U F C E B K E
A G C I U Y C C L D L L A R N C R
N S G N U P L I E S A A C A F A Y
R W S N R R T I V I R S N U W P F
T S O O I A A X N R I K C Q N V U
D U P C R P M F E D D U G S P L U
M E B R H T P L F M E E Q Q E O G
O W R L K E M A K I O R L C B C D
L V S H F F S E R S A Y R A T V W
L O S C S M M T N W A A L T E F M
B U N D L E J N K T P C R E H S U
```

Home Furnishings (pages 54-55)

```
B O F T A E S E V O L C R T I
O E N A P H J L D K D R E P D
H H D K U Z I K R T E E T H N
C Y B R B T G U E R S D N X A
N C S T O J E S B A X E E E T
E M U D X O G U C C M N C L S
B Q M R X N M K I P V Z A B T
Z A D E I D O S V L L A I A H
T C R N R O S N E K O C D T G
S X I I B T H L D T O P E E I
E D A L L E E V I U T S M E N
H H C C O N L A C D S S O F A
C L U E N I V H B E T R O F B
T W A R J B I M E B O E Q O K
O T T O M A N G A Y O S T C O
Y X X O P C G F N H F S B R P
D R A O B P U C B P J E L E S
S E T T E E N W A R D R O B E
C G S W C K I V G U E D H V T
L V E K S G T A R M O I R E A
```

Here to Sleigh (pages 58-59)

```
S R I R M L S H E D I L G S N N F
N N B N K P U L L C N B Z Q S N W
V A O W R E O X E C S Z Y R Q G S
H K G W T X R W G I A B E Q R L M
Z K Y G M G R T D J G N W N A S Q
I K S B O O H S D E N H H L T F O
X M T L O B B D E U R Z O O Q J A
E A C A L B O I R T A M O M U S H
N E U F Q I S T L A A B S C G I S
Y A R H N U H L J E O K H M T B N
Z S L E D H E N E Q V B S B P U E
P Z I O B H D R W D W J W G F T E
H H G H L Y I E Y O H F E O O Q R
W B V S D C L C E H D S N B N J A
P P T W A Y S U L A R B E L B S C
I O R O E E R A A E L C M A M J Q
X L W N R A P S V U I P N D D T H
Q E L S T S E A G L G S N E R C T
Z S G Q M W R E S S K C A R T U L
M Z I P E T J M B A N K G D Y X S
```

Answers

H Is for Holiday (pages 60-61)

```
C F V C G H P M N H D K U K F N X
H A N D S O M E Y G E J L K T X R
O N H G L U H H R A N A H A N D Y
E D O A S R U T W H W N V V Z T F
R Z S E L E R R S A O H E E Y I H
F R T S L P D A Q N B M G X N U S
N G Q B Z M L E H N M P E I N D V
L P M H K A E H I U Y T G D H Y J
D U Y H O H Z X S Z O T R Y R H W
H Y J E H U E H T F R E R H A R R
L H A R B O R Z O D D G I N U S Q
U E Y D Q H X S R V N L D F T Y J
F Y L A E H T A Y U A L Q H A H L
E P F E S D Q Y H R E Z E D S U I
P R E H T A E H I F Q A I Z H N A
O G Q W Z J H O W G R L Y U G C H
H A U B R A U F D T O B Y O W H V
N R Y T R S F K Y H R J H O T E L
E H N P Y E H A N K E R K G S T I
Q Y P P A H H A L O W U P P D R N
```

New Year's Day (pages 64-65)

```
B B M C F B T S I L X A C T C W E
E U D U O H A D K D G R Q A O R T
T B R N V O M A T I N E E H U P A
A R W A O B K E L T B C D C C V O
R T E Y D I R I T Q B U I E H L P
B N Y S N N S U N T U P H D F B L
E A Y E O Y E I N G W E D A R A P
L R S K G L L L V C D R Y L C H V
E U X O C S U O A E H A Z K F I O
C A O F M U G T U C L T T A S F A
H T T D E I L X I N R E O I P D T
A S U E S L M A S O G L T L E W O
N E M S E H C T A W N E A U Y U P
A R S S O U D T C E N N O C E R R
N R F E R P U N A E L C S D U I O
A H V R E M I N I S C E Q K N F M
A Z A T E L L A B T O O F T A O I
J F T B O R I R I T U A L F T T S
I B F G A M E S Y Y F E S T I V E
I G D X J G N G Z E B Q N I D P O
```

This Will Warm You Up (pages 62-63)

```
S R S T O C K P I J F Y D D O T C
H N E L O O W R L A G C X H W F H
E H H W E T S B I E W L L G I R M
A D P V L B R O T H G R R R A A Z
T A M P C J T V T Q B G U V H C Z
E L W V S T E A M I N G I B C S Q
R T I G C A B N Z H O J R N P U G
V E I U R H I V C K K A C M G Y W
Q K B M D Z U C V C V O G S N S A
O N C I R H Y F I O F X S P I W Y
V A O C O C S N M F E F L I P A L
C L A P G N S A E S R Z I C I S S
X B L I O U S E L U B G P E P O K
U M S T L B M I T U T S P C I U Z
B B E A L F S B R E O F E S D P O
Y U T X I T D E O U A G R U P U H
O E T R O Z W D A E D Y S D F H I
D M E V D O E T O V E N T S E G T
A Z E N H U H Y K M U P O T R N F
L B H S K T K F M W B P E P P E R
```

Holiday Jam (pages 66-67)

```
E G Z T I F N O C I T T O C S I B
B E N R U G E L A C H U S G E R C
S G I W A G N I L L I F E Z G H R
Y D A E R B T R O H S V A C E O G
R E A L M T Y E U C R L G R J F M
R I R O I U H C D E G P R E H I A
E Y W H P N N U S A R Y L H W G R
B G R O I Z Z N M E M L U U C Y M
N L Y R L B O E S B Y E Y B R E A
O R R Z E C R E R T P R M R E K L
G D Y A I B R A V L R R E O C R A
N B X I S V W R B E R B I W H Q D
I W B H E P T A B U N Y R N H Z E
L A J S L N B N R E H E Q M T L S
T R C A A X A E S T T R A Z Z S P
Z Z T R M R P Y R T S E B T X B R
Z G R E C P O Y U R K O L A C K Y
T U N O D B X B Z H Y I C U R D L
C Z C O N C O R D Q G M P E D K I
J Q U I N C E R B T O C I R P A S
```

Answers

Ugly Christmas Sweater (pages 68-69)

```
U R Y G N I H S A L C E O V E S T
B E S Z C N Y S G V W T I W S M S
L E E J A V J L O I I L R X Y E L
T D L X S R M W G B I U B E H M T
K N S B R K C Y M U N L P C E J I
Y I S E Y M H M R D I O N T L G N
P E A D F E L T E N G A X T L W M
M R T A A M L R K A R C H I O L L
U T I Z R J S I U B R G P L O O W
L W I Z F I N D R Y I O C A U U M
R B D L Z G Y S E T X O R D P X S
E Z Q E I M Y R E T T A B Z E N B
N H D D W U Y T T U N Q Z R N S R
R O X S I Q K Q D S A T I N G E I
Y D S C R A T C H Y P B U M U V G
X W O K B A G G Y B Y B V K I L H
O Z D O U T R A G E O U S H N E T
L I X I W N N S O U G V L O S F F
R J L G K O C G L W Z Z U F T M O
P F R I N G E Y L L I S G C X L X
```

Good Name for a Reindeer (pages 72-73)

```
F D X R O C K E T R E K E E S E P
T F Q H P R Z J Y N J Z G Z L O I
V E L O C I T Y A E Q G Z I B U L
L P E W H S A L F U Y U S U R I H
Z O O M D U H Y Z L N S J M U Z Z
S T A R R Y J R G I I T M E D X Z
O H V A B L E G Y M P P Y A D K I
N U Q F L U R R Y M S P W N E A H
D N H U F L R B T S F V Y V R Y W
K D E Y E Y Z K T Z M W L W O O I
P E C A M T F A E R U T N E V V C
R R P H T R L Y R M H X F A L E H
F E T J I W O E G F E R X J L A Y
R I V Z A P P T N W M E Y A P T W
C E M R Y M P I S Y J L G P N X Y
T M T U U D M E N D Q T Y Z S T D
L B M J T B E S R D A S N M R H W
O E I V U U T E Y U Z U Y A Z B H
B R G S L O D T P B I H E D S W X
L V L S D U S N O S C H S X T T B
```

A Gingerbread _____ (pages 70-71)

```
C R J W U N W O R C F B O O T O C
V A O Z H V W U N T S Q P C O W K
E Q T Q K G H O K S E C S M J L W
S J Y V Z O M M M Z T K R B U R F
E N G R E M A P X A B A S Y K L M
C E O J O O N Q P L N R R A S W M
U R F W C P W Z T M O E R K B W B
D A Y D F A Z W R Z U Q S I T O U
R U E N V L D Q E N R A B R R B N
I Q G T H X A R E O E C U E O B N
B S A L J M E K P C A B S K Z H Y
Q H E E I F S K E N L H S R U Q B
A L P O E M C F D V O L M T A K D
F C P N P U F L O E E M W O S C J
P E N P R N E H B D E L T S A C Z
C S D T H S T M L V P V I U V L U
S U Y Z F A A L Y C A N G E L N
P O Q Z E O N R L Y E J P O D O S
E H A R K Z M A X K X X J G O D O
X I W G B Q B P H S B O K F R L U
```

Christmas Trees (pages 74-75)

```
W B R Q G J J J A C H K A U M S B
S A A Z W I B T A Z J X J S P T O
A S K L E P A N F G D D A T H A U
R I Q M S B A N M N F W N C I N G
T L U Y U A C M T D Z J T A E G H
I V Y R N N M Q I C E O L E R D S
F E M X O J I L I N C R R M Y G S
I R N O B L E M T S I G E A O S R
C Q W D A Y S O U X Y A S H E V T
I R O D O D A G R L F H T R N Z N
A I R I J U B W B E A S P U V U E
L F O W C Y G F R Y N Y F Z R N T
W B L P I U H L R O C I A D I E T
D A O R T S L U A A N O P P P V E
O B C A S F Y X Y S S K S L A P A
K Y N D A R U S T I C E L T A U S
Y V O E L T N Z O E C U R P S Z T
X A C C P Z W W A I N I G R I V E
Q K V Z C O L O R A D O O J J E R
M X E T I H W G F U R U J S C A N
```

Answers

Xmas X's (pages 76-77)

```
W O X X G Y U M R Y T X I S O O J
X C N C N F K C R E X A L T D W N
X N I P I I B F M F U N J E B C T
A A M G X X I U L Q F O X P O Q B
L X R Y I V M U F F H U P I X E L
R A K V X M M P U E O X C S E W
W L W A O W M R O S E N X T B X X
T P M X E X D H A N U H N E E I N
S V S N T H E X A G O N K A N N F
D E T X M A O K B O B X I V Z G T
N O X D Z P X X E E R Z B I D Y E
O I C T H N O I T S U B I X O M T
C E S O A L V H Q H B E X G N L E
I R N U T N D C S T L H N O X A X
X E J O O V T L E M V L I X B D T
E O X H I I T X Q U I X O T I C U
L I K X Y K X N U U T F O X Y Q R
N E E O D N K O L R D C Z Z H B E
D N O D N M J G N V C V O C F Y U
```

Jesus (pages 80-81)

```
P G B X F J H A I S S E M D G
V B V P T Y L J I Q G N A R L
H T E R A Z A N F O S U S E J
G T B I D U M L P X H O T H N
M H H N N F B Q S Y N Q E P P
A E F C H G O T Y O B J R E G
S A I E R J F B F L J N X H J
R N E O L D G G D C H R I S T
M O C F Q Q O J S R C U O D C
A I F P Q D D A N D I N K O R
N N A E L I L A G Q O D R O L
O T V A W F Z I R F T Q I G K
F E T C B A W N M K G V Y I H
S D J E R T K A M M A H T K I
O K Z E Q O N O X S A X B S S
R A N K I N G O F K I N G S D
R E D E E M E R S D F G U X I
O Z O P B X Z P M Y C F G E C
W T U N U N C V P X V C J V L
S W E J E H T F O G N I K K F
```

It's Ornamental (pages 78-79)

```
Y U A K Q S U E O L I G H T S G U
V J E Y L R M U R D U X H E P E P
D D N A L R A G R N A J D K L E Z
Z D T E A R D R O P J O X N X R H
R N R U H F Z U J P L W B I U T W
T S E I R L T C I L B G L R S W E
Z T B K B Y I N G S N S Y T H P U
L R O N A D E Z I R O E Q S T B F
O I L M M C D M O C G L T F A S D
R N G Q O R O C I N I A D L R S R
I G Y N V D P Z A R E C L I F T R
B Z E E A O D R O R R S L I E A X
B Q J L P P O H T L F O G E P R B
O T X B G Y D A B I E U R C O P J
N P X U A N E G M B R G E G R O D
L E B A S B R P M A L Z N T T T W
I S S B P O D F L F R P G A R U J
F P V W C W Y V J R Y O Z E A X R
N Y E L F M D Z B U L B I A I U G
M H W D L E S N I T C S L D T S W
```

Christmas Tree (pages 82-83)

Leftover letters spell: "The best Yuletide decoration is to be wreathed in a smile."

```
                T
            D S H
            I L E
          B P L E E
          P U A G C
        E R C H G O S
        B E A E N M T
    T L S R H O E S Y
    U I E O T G T L P
  N E T N L K O T I R M
  E D Z T S C L R H A I
  X E E S K E E O E N T
D I L N I O D L E C C Y X
O V R N N N L U A T E N M
E I G O O Y S Y N I R I A
S S S S D R A C T O B E T S D
            R
        W R O E A
        T H O E D
        I N G A S
        M I E L E
```

Decorating the Tree (pages 84-85)

The leftover letters spell: "Saint Boniface is credited with the invention of the Christmas tree."

```
                    C
                  C H O
                S I E R A
              I N T E N T B
                  E R A
                O G I T R
              N C R N E T E
            E I R E G E N G F
          A C T E N E N E A I S
            N A E E C C T
            R E T G E D I I H
          I T C O D O E T R D G
        W I T T R I G R E E H T I
      H E I I A E R N V R H N T E E
        A G R A T N O T E O I
        T O T C C R D I N G T R O
      E N O E N T A D H E R E N T R
    O F T A N T I C H T R N E C I H E
  R D I C T A T O R H T E E N A G E R H
            N E I D H
            R S R T O
            M A A S C
            G T R E E
```

In the Kitchen (pages 88-89)

```
G S O X R Y B A S T E A M E R
N O R I E L F F A W F O E C G
I K J V C U G M I X E R U O W
Y Y E L N D L S D X V S C M V
R C S N I P E I Y B W B E F R
F U E O M X R B O I L U B O G
U L E I E D A N I R A M R R A
O I H L T T W C L U B I A T S
J N C L P C R U E E X T B F C
G A S A U T E R E Y E F Z O O
N R U C N T P R K R H R Q O O
I Y A S Z I P A A O A G U D K
K B X V T G O N C M S N U P E
A J G I Y E C T W X I I G O R
B U R N E D W L Y S W C M E D
```

Not a Good Description of Santa (pages 86-87)

```
Y O S L U G G I S H U N W C K K R
D V V D Q S K I T T I S H S R N F
R Q L E T A R E P M E T N D O E O
A E W R E T C H E D B R P N U W R
T D I S O R D E R L Y R S D E F L
T D S U O L O V I R F E R R W J O
X N H S L Z D F Y D N E X I T P R
S D E Y E S A M U S V S L A M G N
U U K D K L E K I O U D P W U N S
O Y P A I S T C O O H A T F T I U
R M H X S F A H R E T P L J I V S
E O L Y C L F E G H B U R U N I P
H O A E I N K I E U F E O V O N I
C L Z H T N G T D T O V C E U N C
A G Y J A N I R E M Z H J N S O I
E E J T R C Z G A R F G T I K C O
R R N E R A R M K H W A E L L P U
T A B E E O T H G I T P U E H P S
C E T L F J U M P Y A E L A T E K
P L O Y D A E T S N U M L E P P O
```

Gingerbread House (pages 90-91)

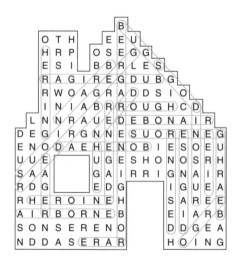

Answers

What to Pack in Your Suitcase (pages 92-93)

```
W S E H T O L C H E N
T R A A V S H O E S E
  L I         L I
  R N         G L
W H I T T O I L E T R I E S H S P M A I L
Y L A C I S R H I L R E Y R D R I A H D D R
R S T E E S L A L A R M C L O C K N B O E I
A W S I N T R A V E L E R S C H E C K S N R
R I A L I R O L D E N J O U R N A L G A T E
E M T C I O A S V N L I T I E M S L I K I C E
N W K C O P A L O R A G I J E W E L R Y F T N
I E G B T S O O K S C S U R R A M Y O N I I S
T A O O I S R S T I C K A I E R S A T O C O H
I R P V E A K O O B S S E R D D A L P P A N K
I P O D E P D E P B O O K S Y E N O M S T S T
H E S H A V I N G K I T I K D I A T S R I F M
E N T E D R T A I N E R E G R A H C E N O H P
  S E S S A L G D D R A C E N A R U S N I
```

Makes a Bad Christmas Elf (pages 96-97)

```
R M S L F R L M L Y D D O H S T Y
W E A F W C I E T P P I U T I N D
W Z B P L B R H R V F T S N V A I
Y E F E W I G U E D Y N C A C E T
Y T X G L U G N D D N O L L U R N
C L S E A L G H R E N U U B O C U
R T U N D E I A T S O M O A Z S Y
A B K R F U T O I Y S P N C Z I M
N D W U N X R S U Y O K R U S M G
K E L R F U T F X S K Y C J T H X
Y S U O R E K N A T N A C S Q I T
I T V F N I N A T T E N T I V E F
D R Q T N L G O O F Y K S J Q Q A
A U K R F E U G O R M X U U Y X D
A C Y R D I B R O M G D R A Z H I
L T D S T I N K Y T F K L K S E H
G I W A F W S C Z R I H Y K Y L L
U V O M C R Q I G N I R E K C I B
C E R G H N R Z F S M G S G Q H V
F S A S S Y E G A R T L E S S D W
```

Makes a Good Christmas Elf (pages 94-95)

```
Y Q C I G N I R E V E S R E P D Q
D V S P C Y S U Y P E C M O H E C
I L J U P I D S E P L B Z B L S E
T Q U O M Z T Z E E P I B B L V S
A C R F P S B S V L H A A N I T K
B G H E E N T E I P E I H Z H I
Q E E E S R R N B M C R A W E O L
S N Q C L P A H E O I E I L L U L
U E I E I P E C S G R T B T B G E
O R P V T N F C M C I A P P A H D
I O S R O J L U T S F L G O D T I
R U C Z K M W K L F T B I Z N F K
T S R E G A Q A A S U T H D E U Y
S R A O Q O U Q M W Y L W X P L D
U V F M P T O S I N C E R E E U N
D B T M C V N D B N I F T Y D F A
N D Y N E N E R G E T I C A U T H
I Q U U C O N S T A N T N B E R D
O P M R H V H E A L T H Y D V A S
Q V Z A Y R E E H C Z I E O K V T
```

E Is for Eggnog (pages 98-99)

```
W E N O I T I D E W E Q L A A W H
A E C I M O N O C E E T E X G T D
L S U O I G E R G E P V A T U I T
E E L E M E N T A L I I Y N W G Y
L V X E D U M R L T T E O E A P J
E K A T S E U P C E Y V T M Q M G
C E E A E J B E H E M A W O R B E
T A M L L X F M L A R A E E E D
R R O A Q F U I E G S L N M D X J
I L T C E K D L I E E I I E I C G
C Y I S U I P M T S A A Z X O E O
E K P E P H E Q T A L S D E R E N
N T E M R R Y A E C N L E C B D G
C E H L H Q B X N X K T V L M X G
O L F W J L H E U U P J Y A E Y E
M E B V I A E R E H W Y R E V E N
P V I S U B T E E C C E N T R I C
A A H S C J E V I D E N T B N T E
S T T E X A M I N E J K I E T S J
S E T B E L A S T I C Y Y E J H T
```

Answers

Homemade Holiday Gifts (pages 100-101)

```
A G T W U E X O H R J B S B F E J
V P L Z P C H A T K O D E Z J S I
L U W O A F B I E U A C V I L E Z
H V C N B X R N Q E Q D R U O I Q
X S D M V E E U R L R O E I T K A
C Y T H X C E P I R Y T S H I O J
T O Z F K T S Z M T S U E E O O X
A U A L A B F U B V C N R I N C H
R P A S A R I R L I Q A P A U J V
F C X G T R C U A N B S K T M C E
E L Q L A E I S N A A U S E X F B
R W C R C P R J K I F T V C R A D
W E R T V M E S E G I T Z A S E I
N E T S E W R D T R H I C K L X H
T S L A E L P F I E E S E K I T W
U H F L E A E P N T U T C M A B H
K R R E O W S C U T R I C E R T F
D Y A S Q F S V A E P P R E T U Q
T G G V D N E L B R O W A E Z O V
V T E N I W U U H T B D E W W I T
```

Holy Land Sights (pages 104-105)

```
B N E R O B A T T N U O M X B
K C O R E H T F O E M O D G E
T N U O M E L P M E T R I V T
L E H C A R F O B M O T A I H
I P D Y O A P P O J O C V E L
J P K N X V U V F H S Q B G E
D E A D S E A C L H C R S A H
V M U A N R E P A C O I Q R E
I M J D E Z O J Z N A Z R D M
A A O O J P I D A I A H N E L
D U R M I L K G R O T T O N J
O S D M E L A S U R E J L T X
L L A W N R E T S E W D E O M
O K N F Z R H U R Z C Q K M P
R I R D E F X C B A J B H B X
O G I L G A L G L C G Q S H L
S H V T O O Z D G U V G A X C
A B E E R S H E B A P X O M P
M A R Y S W E L L N V E C L J
Y E E L I L A G F O A E S H O
```

Nativity (pages 102-103)

```
O S H C F W V U K R R K R F K
W T A K R A S A H T L A B A S
S E I N A Z A R E T H Y N H S
U Q S D N U U R D E T E E A W
S J S T K A M Y A I E P M M E
N O E M I S U W V T H T E D H
E S M K N S D I Q E S H S J C
C E M M C C T A R I E M I Y E
S P O A E A V D R L Y G W R R
S H Y G N L S H H R A P S A C
T U T I S G C T R D K H R M C
A U S W E J E H T F O G N I K
B C W E J B N R I R J R J C S
L F X C J A U J G O L D E Y R
E N S L E G N A V M R A V H R
```

Silent Night (pages 106-107)

```
J T E K W S E R E N I T Y L W D I
H N C R E M E M B R A N C E I B H
U E N O X C O B A B Y C W H A O T
M T E C M F N F S N C A L M L C N
I N L H B P R A O E G A O Y W R B
L O I A W A A M T A R D B S F E N
I C S R J I R S Q P I V E C E C C
T Q U I M A G H S V E L I V M A V
Y T B T H Q C O I I F C O C B E M
Q X S Y D C J N O L O L C E E P G
Z S I E W J E Q E D U N N A R Y I
C S D D R B W S E G W E X N I U V
F E L L O W S H I P V I G H C N I
I N G G J L Z H Y O D E L H H C N
U L N N Q W Q D L K Y Y W L T U G
Q L I N U H V E N O I T O V E D X
E I L B M Y N S U P P O R T O M X
F T A N Y T U A E B F T E I U Q R
M S E N Y N D R A W E T S Z S J V
R T H H H O P E P S C S U S S O
```

Answers

Exotic Holiday Destinations (pages 108-109)

```
F O K X Y M O W Q R Q O I G O H A
W H Y Y V D S W Z E C T W B E C X
B N B E L I Z E C J I R S T A O T
E N D M J V O N A H A N E A B Y I
R J Y R O M E C A B C K R N U D B
M E L W A V I T I E P A E G R S O
U C M O O A C Z E I B U N I A E R
D H M R M O N N Z A A A G E H V I
A A P A M A T O B H L I E R R I A
S Q J O Z B U K B H I V T B T D N
I K R K B A H A M A S K I E B L M
M O W W W S O D A B R A B I C A S
S Y N U C N A C M I F C K W R M T
M A D A G A S C A R P A E T L O U
C O Z U M E L E K U D A I L K Z D
A C A P U L C O T B E N N I O W T
I V I A T H E N S E I H N E Q N H
A U P N S G O C V Q R A Q R M C A
X I A I D C I O U R W C A G F A D
I X G M Y P W E Z A A C R O J A M
```

G Is for Gingerbread (pages 112-113)

```
G S W E E E Q O G L I M M E R M A
U E B G O L D F I S H U S S E U G
I L T T N E M N R E V O G P W E C
L U O D U I W D G F C H S X C E R
T N Q O A P G U E G S U Z N K X G
Y A E B E E A L L G O U A Z G C L
Z R B E U R R A O E W L U R T W I
I G G R D I I B G S G L G E G E S
M Y K S E V B R R B S Y L R U A T
X N U C E L O F E E M A A I G E E
G I T G E G D X B N G T R Y G L N
I A Y N E G T R A Y I N P Y O B J
F R R F A S A S I F A S I B S M B
T G E C E L T M Y G Y V G G S U N
B K H G C I L U B Z H O I N A R Q
L D T L C U G A R L F D M E M G I
L B A O L S S I G E E W L T E H T
A O G B D D R A Z Z I G E R R R M
D G X A I X N S M A A S T P J O V
X F J L C Q E L P P A R G F A N P
```

Good House for a Christmas Elf (pages 110-111)

```
C I T C E L C E K S L L B K B W C
M I R T D K W R C O I N K Z N I S
C G Y S G A I H E T Y E H T T T X
O G O W R F A F D D N A M A R V R
Z R J M U R D P Y W I T R I F E I
Y E M N M F F D A S T C P R V I Q
W E C I K B I Z Q Q N E Y L H S G
T N N E H T A H N Y S P I I Z H U
H G Q V J N V X S X D S U Q I A N
O D D I Y Y C O C O L O R F U L S
R E E T T G I I T U G O L D D A G
N Z T A D D N V R E R R L E S L Y
I A R I X S I Z T V L R N I Z H
M N L O B Z D R M Y N E K T I H W
E A U C A W H A D O D E T F M C X
N G S E A B L N I R C E C V Z T E
T R N D O U A T O N R L M C X M D
A O I Y K D R R Z Y T J E Q E K J
L M L U F R E D N O W Y I W K P E
P C F K A L E I D O S C O P E Q V
```

Holiday on Ice (pages 114-115)

```
D R D O S R W H R D I V E E R A K
X E I E F U Z Y I L R U C A X Y Q
S P C M T L U T Z A E S L I D E Z
F I G U R E A R A B E S Q U E N T
I U Q T E Q Q E F L S E D R P I L
O X H S A Z K X F L O W S B G P A
M Y L O X L P Y I F D B Z M N S W
G Y M C E R P C Y I Z O C E H E P
S P T Y L R E J K S G U E U L C Z
U P M U S T E T S V S R I Y U F Q
M H E U R N U V S M A F T R T O E
I P B E J A I X O C G S V E L O C
B N X A D L C U P S E E C J H T N
I C O I C D A E Q E S H M V P W E
G J R B A K E R R E N O K X I O U
G J J K M E F F I I S L R M V R Q
Z Y N T U A O L Q P O U L C O K E
A I G Y J H Z U I O S T B D T I S
R B W M I M E D P P J U H I R W T
S E T A K S E I O O S E C A L A B
```

185

Answers

Y Is for Yule (pages 116-117)

```
Y D W I A B H H D P K G R X B U A
I T C E A E C X L F J Y S E E P K
Y U M M Y P P E Y E L L O W F W G
V F Y O L K W L R F L E S R U O Y
L Q N D C E A I U O Y Z E N A H B
X T R D Y I N C T F Y W Y C B R E
T H D S A P D S A O H A B R S L M
G C R S D P L Y K M N T X Q U M Y
O A U L R U Y A H K Y M U Y Q Y P
Y Y G Y E Y O R Y N E E D O B U U
O H N C T K D N Y L P S A O Y C C
G M U F S V E N Y A R W H S D C V
U R O G E D L A A H R A J D T A J
R Y Y W Y J M M O Y S R E M F C E
T O S N P M Z O Y N D O O Y G U V
A P H U E Y H K J O W L Y W Y T D
K L I R H A R S P R K A E U D L G
R E M L Y Y O N D E R E Y I C T F
J Y N A M O E Y C V G Y L C Y K T
M I N S D R A Y U V R T R U Y P Z
```

B to B (pages 120-121)

```
U W P B M U R C D A E R B R K
B M A X U H B U Z Z B O M B X
O L N N T B E E L Z E B U B J
J M U S S M E X A Y S T N Y V
F B H R B O K A J R H G E W I
O B O T B L R N C T C S B B B
K A R J Z D O J A H L U A O U
O R O B G N B B W D C L B Z L
O C F U I A K Q M O O X W C
B E T L O H B G L I L X M T Y
K U L B I C A R B A P H I B L
Q L A T Z S B P F B S C B D L
C B B D P U L F K J A I H Q I
Z S T H E A U B U L C K O O B
A S K Z K B A R R Y G I B B T
```

Words Found in "Christmas" (pages 118-119)

```
G Z P M S W A K T S I H C S I
I S K M D M M E I K M R P R T
A T A N S V I I N W A R I R R
V R D I S F S C R S F T A V Y
C A H K M Z H L H T S S C H A
A C H A I R B S Y A H Z S B E
S T S A R I S M S C R S W T M
T M S M T L D H R A I S P A S
S F A A R W I A S M R F R C A
A U B C R T R A I T C H H H
S S N S T S I T A R S A N A C
M R A H C A I T H C T A M R J
M A R C H T S M A S T I C T I
```

M Is for Merry (pages 122-123)

```
T Y N I M L M M A Y H E M D S O
O M L I M E O U O O L I A M F E L
N Z E D A L S R N U W O M K O J F
I W D W A P E M Z C S E U X B E K
G E U P T M D R E Z H E F M U F L
R H V M U V W E T R Z G F I N T I
A P E T Q J I R N S I M L N T M K
M A Z E C J T L N N Z E T T N K
L V A I L R A C C V H I E S M E F
J O G N E T I M I O M L M U A M Y
A A I K N A T M K I M E M J L U C
M S R U S M O E R U O Y I T L N P
F A O T D E A M U N P L L M O B
M M M B E O C N G K T O E Y I M E
I Z S L X L Q J D D H A S H G P L
A K H V E G B T N E S B T Q H G G
L E V R A M X J R U D L O G T N N
N B G C Y R E T S Y M E N N Y S I
R R C E U E W I V T A P E K G J M
B F L L S Y R R E M J P X S V Y Z
```

Answers

To the Slopes (pages 124-125)

```
L E N Q E M P F U A L G N A L
L L U K S N O W P L O W G Q P
I O R C K S I B W D Y F S M I
H P I H Y T W L T W D Z K R A
Y I K R K O M O L A L S I O Z
N K S I T O H G E L S G M P E
N S N S P B S N P G A R A E S
U Z E T S I P K R M D F S T R
B M G I X K O G I U O E K O E
I G O E J S W F N S T G W W V
S K I T O W D R N I U K U B A
K R A M E L E T P U P I C L R
O M T F I L R I A H C M T I T
G N I W S S U H C S S T U C K
N O R D I C S K I I N G K J F
```

Wine Cellar (pages 128-129)

```
S Q U O J V M K M U N N R C I Q E
Y J O C S U R B M A L X H Z O L X
S E N G A P M A H C A A X D L R U
K E T C M J C M H S R F M E I V A
L U N J N P I D D D X A S E U Q E
E A K R P A W B O Z R O S P G K D
D N O E E I L N E S M L W X F I R
N C L C T N B A A I I R D Y U O
A G H J A A U L N N U I W D O S B
F G N I Y B A A G O O J N E X I F
N M H T A Q E N S N N U O P U B R
I Q A P J N H R T T G G R L F L S
Z C R D I Y T O N R O Y I M A P Q
T T Y G M C N I U E C L S V S I B
M K S I U I W B N H T K R P U T S
V X A E P L D M U K V R W E V A X
U Q S P C E B L A M T S Z U M T S
```

S Is for Santa (pages 126-127)

```
E X J Y L T H G I R P S E S I R D
L V H I T S C A F F O L D C Z P L
C S N T A Y T E F A S L R E X U C
A S F O Q S O Q S M A A E N S R P
T E A D R I T W X T K H T A H O U
C L C T M D A R N Y M H P R E D X
P I X S L R M U R N Q U C O T E V
S T O O K G A A Q N G P S E H L H
Z S W G E I D T F S L E G E I P T
E F M S T N L I I G J R R L C S S
U R B S O Y H L S O Q L O T H E U
H O O C I S V A E T N A R B O M M
O S E M A W P N S T T U U X Q M
J S O L O L A T N A S I W S A L E
S F P D I H E K Z I X V M I P I R
A S A N A W P A E G M E L D D A S
U Z G Q A N P O M O Y R O S N E S
C B C R G P K Y S S O C I A L W S
Y T D K I S U B L I M E U C O D P
```

Cooking (pages 130-131)

```
P T V W Y F D S G B G R I N D
A O P N Z R X P T R Z L B R A
N B A K E E R N E O A L M Z E
B D I C E E R A T W G T A H N
R E A V H Z S V U N J E E C K
O Z W E W E F L A K E L T O N
I Y A G T D Z I S Y C K S N D
L T H R W R T L L H T C Z C R
E P C C R Y S T A L L I Z E L
Z T U R G L I R Y M E P L N S
E B E R D S B N H A Z T Y T B
N M C E R L S C R A P E R M
R T V Z O E A W H S K P D A A
F L A I R M E C U D E R R T S
K E L N T E B Z Z T A E E E S
C E T R I K M I N I C S D Z E
I P Z S S R N M N N H E G A M
U Z Y I A M A E I E O R E L B
Q Q H C T B L M D S P V B G L
N W O D L I O B A R B E C U E
```

Answers

H Is for Holly (pages 132-133)

```
E L K C A H C P R T N A T I S E H
T B H U R S O E H D D M A S N T C
I U B B H S M U P Y G H B K E F X
P Y Z W S M M H R N Y J I N W C H
O A M Y A E R I B Q Q K I O I E
H P H H D A U N R I H U T C H N R
Z Y K M V H E I P U L D E H H O B
T M D E V P D M E U H Y Y U M A
M I N R P X R J N T O P Y A M R L
I W B A A E V E E P O X Q H M A I
R T H A T T I M E C E E F B O H S
W B C N H G E F R I R Y P L C S T
T M U U Y P U I A H L H R Y K O L
U H F H V L T L E L L E G N I H N
B H R I U E X I O D K H T L A E H
I O I E Z Q G H H Y P E R B O L E
L L K S I H Q R O M U H P Z G J J
A L I E T E G U D K H A T C H E T
H O N E S H I N D E R L Q H P O M
W W N W A I L C G H A R K E N E Y
```

Beverages (pages 136-137)

```
H A M B R O S I A V A K Z A X
V M M I L K S H A K E B E E R
A A L M E N A S I T M T W N E
D E A K N A S R E H B I H B L
O R L I M E A D E R N V I U A
S C M I L A A Z E E P L S T R
M G N T H D E H Y G L S K T E
A G Z K J O T I Q Z K V E E G
E E E J P S D A K Y C E Y R N
R G P I J B E H M F F T F M I
C G P U G U C C Z F A Z R I G
A N A C N L I D O O V C U L R
F O R E C C R C L C M Q E K E
E G F C V L H F E N O L U D E
A R F R O S W V M N C A Q E N
U E V T I L M L O L H M I T T
L N A K M L A X N G A B L L E
A E R T I S N E A C B T G A A
I U H M S O C I D E R D T M Y
T O N I C W A T E R A T C E N
```

Shrouded Summary (pages 134-135)

Disturbing ghosts haunt Victorian penny-pincher, infusing miser with holiday spirits. "A Christmas Carol" by Charles Dickens

```
D I S T U R B I N G H L P T M
N N T D Y W A L C P Z A U P J
F P S F A C V C O F A A U E W
S I O A U V I C T O R I A N N
H S H X Z W C W I S E F Y N T
Z W G U G D U G A K Y W Q Y R
X U L V L Z J Q K L G V B P E
L C Z R Q X T E I M W I O I U
J K W M S W B G N I S U F N I
J K F V P K U U T S R W D C R
A Y A D I L O H D E K I N H M
F E N K R I I F D R B M V E Y
C O F O I C I F E C H Z M R O
T R V E T J A R L C D S J I X
N G Z O S A N G L Y E D Y U E
```

Snow Day! (pages 138-139)

```
E C N A N E T N I A M H Z P J Z Z
G F A J A P D I E W E A T H E R Y
Z V R R H A S T C E J O R P S S G
J I G E T J C S K D P U O S J S W
C X W F E A Y N I O R U Q O L O K
F N P R R M A O L M O V I E S R U
A X B E D A T O I C S C E F B B W
M E C L W S A Z H K O P E M I T R
I X N A G A K E C S D H T S D E R
L G V X V M Z D W S S Y R E A S N
Y O J N E Z L O S E E O Z D Q D P
Y X M G W R L B L E O I A V I S
U G N E E L B D G D T N R C L K T
R Y N P I L N L N J G I P O V J E
W E D P L A G I A T S Y P V T W W
R V P T C O F G E N J X U S J S S
E X E R C I S E U H K D I J E U U
C F G B E D A I B N Z E D E I R P
N J H S L E V O H S S G T P X V R
P R E C O V E R Z B M P R S V U Y
```

Answers

After Red, Green, or Both (pages 140-141)

```
G X G X F L D C V S S O R C C
A P N U R N E J D A M K A R H
G I O F A N C C L A Y M T T D
E N I L T R K A P S N X M K T
K E H A M L D L M A T H O O F
A D O G D A E H E J J A O S I
A C U K W W R B A R O N R O H
T G S E A G O C T T I D E T S
H T E P R A C O J R N B E C T
U A X O F E K E D E U A N O K
M P C L O V E R D L A C I V O
B E R E T X E D R A C K W G O
R K I G R V E N B I R D C B B
```

Christmas Time (pages 144-145)

```
C W N L W M E H E L H T E B P
H Z I G R E E T I N G S O V O
E Y G N I K C O T S N U T Z I
S N O I T A R O C E D S E M N
T A S L E C C X C A N D L E S
N H R I N D H N E L B A T S E
U P K A A T I N S E L X S L T
T I G S W K M T H U H R I Z T
S P H S N R N Z E G E S M B I
M E J A N U E H O L I D A Y A
R A R W I O Y A O T U E B H Y
U F N U A Q W R T F U Y L Z L
Z Q H G B S A M S H H K N S X
R E B M E C E D A W D Y K V F
Z B R B Q R R E I N D E E R C
```

New Year's Resolution (pages 142-143)

```
Y E L U D E H C S W P E E K A M D
B M O D E R A T E G T T C K S D R
U T A O I N T E G J A Q A T E A V
G F S T U D Y I S G O L R R T E B
Q G H B T B V T I L O E A A G M
V I X E E E T J I C N E I N A M
X Z S C O B S V K I T R R N O E M
B E O W T E M S A P S E E W D V U
R M N C W A V J S O I U X M L Z
E S Z N L A T P M E T T A P E O K
M T I V N E F C Z Q Z P S T N S P
K T V B R C A P Z A Q W Q Y A E B
P R P B A W K N U T G Y M U Y R F
G A L F E B W S T Y R S Y A I Y I
E T A V L B I B X H H A M A N T Z
E S N U H R A D H E S W V T C L V
P Z B U D G E T J A W P E E Y U P
X U A M K R M G O L R I J R L V B
U I I G S H A R E V D T T H U Y B
G H M H Q G Z M L Q T S A F S X X
```

Near the North Pole (pages 146-147)

```
N F J G J X T H N O R T H N P F F
I A T C B W D W S I D R U S S I A
F N R O H N S V N R C N I S R N V
F J Q C A J E E A E A E W Z E L Q
A Z D L T T R B V V D E L D E A K
B U P P I L A U E D R A A G N J
T A F A F A C T G E R L O R N D G
L R L I V X A K N T E N E B O D S
K C O S H O H Z A R O E Y A N X A
N M W F Y C E X T R N P J B I F D
O S V H U L K X T L A A K S A L A
R K V I A A P U A N M L E X X D N
W S S M R B E N H S U E D N N E A
A N X L L H D B H C M U W O L K C
Y A B E R I N G T J C T L R M S L
R M E L L E S M E R E I P I A R S
V R S I B E R I A S A A S L F R O
O U O A S T N E R A B N B S S G T
Z M B M E M N L O J V N O K U Y F
B P B Y A P P X T R U J R Q Z K M
```

Answers

What's Hiding in "Merry Christmas"? (pages 148-149)

```
O T I S S E R T C A H E R S
I N R S C L U D E A C E M I
R H A R E M I R T H E E S M
H R T A T I C H A S M R A E
C H E M I S T R Y Y S E R T
T E A M Y I A C H E R T C C
A S Y M M E T R I C T Y H S
M C A H R H A M S T E R E Y
S C M Y H S E M C Y S R R S
I H I S A A R T S H M Y Y A
M A S T E R R H C E A R M T
A R T E H C A C I S R S S S
E M E R C Y T T H S M C T C
A E R I I M I A T N Y D C E
H R A A R R C H E A R T Y T
```

Good Place to Hide Presents? (pages 152-153)

```
B A S K E T E F A S J B Y K N X T
C L O S E T K Z P Z E Q S V C X A
F K W B I R P J C H I Q C O O B Z
B A S E M E N T I Y C O M A O V B
T Y H U K T P N M M V P R V N G V
N R F X L F D W F E A C E E C J R
D A U G S A P U R R B Q D E I R P
H I W N V R P E T H O D U H T E T
O R S M K S D M Z O I J N Z T P Z
B F R G T H E A Y H R N D J A M J
G S F A U N J B B Q D M E D V A I
W S I T I E C A L P K R O W H F
T R D L C X S N G L N B N Q E D G
S J R D N E K E R P E S E G M E N
G V A Y O V E R D A A A A P G K R
D O W N S T A I R S B R T G A C A
E U E J K T E N I B A C H R C O L
D Q R S W R H N S G S I H E N L L
I J E F S C H E S T F S H E D P E
K D Y Q R T E R C E S C D E H M C
```

Soup of the Day (pages 150-151)

```
O E J F Y M T C W T I U X E T
B I E Z X B O R S C H T S O E
M K S O P O Z O L E A L S N O
U E M A T Z O B A L L I C O R
G E U Q S I B O T A M O T L R
C L A M C H O W D E R N L L T
M A H O T A N D S O U R I I S
U K Y W N P O T A G E Z A U E
Y C V R Q I L I T N E L T O N
M O M W H C P J S P M Q X B I
O C K M G A Z P A C H O O M M
T S F R E N C H O N I O N G G
C W Y N W A T A G I L L U M D
R E L D O O N N E K C I H C V
I T A L I A N W E D D I N G X
```

J Is for Jingle (pages 154-155)

```
P J G B J E T S A M D B I V V C D
J R U W K C A J K V K G L O A C C
E E R G E J V C J R E T S E J W I
R L V B G E U A S T S S Z E P T Z
S U I E L L B I X T O G B S D A B
E J E G R B E K C G P J D W F A Q
Y J N W E X J R S Y A E E A U T J
M I A R U R V B X M T W L J J W G
J Y E G R J E R G K X E G V U A U
P J L L G A O G D C U L N O S U U
I U L E I E L S G B J L A F T N W
S N J T T N D U T I X E J F I C F
W G U G C B E F C L J S H L C H T
O L M R L Z K V F O E M E A E W R
G E P Z X C Z G U P J V F N U Y J
D J O U S T F J A Q V R R L G
R G Y T T E J G M J E S N U R L K
H J Q K H Z J O C K E Y V O J E G
L Y Z Q L A I C I D U J F J M J M
V I X Y D J O Y S T I C K O I S T
```

Answers

Chocolate (pages 156-157)

```
G Y N V L Y I T T O C S I B G
B D X T L Z M I L K S H A K E
N M O U S S E S O D D B C P T
M G A N A C H E N R K O R U I
A B N E T C U P C A K E N D R
C Y O R R D M I N T S H Y D A
A E X N S C O N E S G E C I M
R K I I B M E V R U L O Y N I
O A M F R O K C O C C O Z G S
N C E F E U N D I O G S G T U
S E D M D E E Z R O R R T U D
P Y I S H G K T N E T I N F A
O A R O D G A N T E N Z A F E
P L B U E C C S M I K L S L Y
I G F F P R A Q T K I S S E S
L N D F E E V R T R T A I S P
L G G L R A A H C O M A O V L
O C E E C M L E I N W O R B H
L Z Q U S R A B Y D N A C T D
```

Indoor Games (pages 160-161)

Leftover letters spell: "I like winter because I can stay indoors without feeling guilty."

```
D I E R I A T I L O S L I K E
O W I N A C R O S T I C S T S
M E V I D E O G A M E S R S B
I E C A K P W S U S O E E K I
N C G O F I S H T C T H A N T
O A O C N S T E I R C A Y I A
E N O H G I N D L S A O O W R
S A L A N R S W P H T E I Y A
C S D R O W S S O R C T H L C
R T M A P H O O K U I O T D C
A A A D G F G E E E T L N D A
B I I E N N S D R A I L L I B
B N D S I N N E T E L B A T P
L G G B P A R C H E E S I U I
E G D I R B O W L I N G L T Y
```

Herbs and Spices (pages 158-159)

```
N S O R R E L M M E Y M I N T
B O R A G E Y D A A C J G H L
C A M O M I L E B R H X G H E
T G R A S S N F A N I S E G D
A C O N I T E G J R L G A A O
N A N U T M E G E E I V O G O
S R H A Z M E D N R O W R L E
Y A C A Y E N N E L G X E C D
B W F H P A E S E N N A G R C
I A T F I F W I D B V O A E L
H Y S R R C U M I N A C N S O
D M O I F O R P I N E L O S V
I C A W L B N L S E S A M E E
L Y Z C H I V E S V D R K U S
L R O S E M A R Y E M Y R R H
```

Fire and Ice (pages 162-163)

```
O D C N V O Q P K N O L O X C M D
K D D O G E J K H Z H T R A E H H
P W O B M O E I A L E A D B R W A
M B G R E B E C I E K R Q S I P C
H A P E Q O U P L Q A T K K F Q E
V N C B C R Y S T A L R E V N K H
W J Y M T Q P I T L F E T S O R F
G Y W E L C I C I C N U M B Y A
X W M E M H G L H C O B S D P X K
A N O I T A R G A L F N O C S D B
H U M N G H L E A U I R E C Y I Z
K Y A Y S A H F C P E V O O Y A I
D C F B C H A L U A L R Q Z S M S
R C H I L L E D B O C X C I E O P
J S E A D A P T E H F L A R E N C
U R M C R T Z T M G Q Z Y Z Y D K
Y E F R O N R E F N I P S F R N O
```

Answers

Beauty Products (pages 164-165)

```
L O P H I T Z R E S N A E L C
R R O U S P O L I S H R M O O
E E W L V U Q N W L S V N G L
P Z D B G Z L W E B G C L H I
M I E E B G B B A R E E S I A
U L R R H S A M W F A W A H N G
L U E E B R S U L L W D Q L E
P T M Y R C E E R E J G O X N
P S O E U O R P C E N S K G E
I I V S S C Y A P O S S F L E
L O E H H O F Z Q I A Z O R R
I M R A R A C S A M L T U E C
P A E P D L B O B O A I Q N U S
S E R A O E U L R R O P I D Q N
T I D W G T D O N V L T A C U
I C S W D T C N D E I O T A S
C Y C B N E R Z Y X N L I L C
K A R Z A R E E C R E M O A R
L D U Q H L A R Z Y R H N B E
T D B R M E M E R Y B O A R D
```

A Right Jolly Old Elf (pages 168-169)

```
S P L E N D I D C Y G D Q E M B R
C B K Z X V C V K I A W Z C U W B
T W Y G C E I E R Z T H A P P Y C
D K H N P W E V Z V B E G I O F R
W W U I P H G L A U I N G C X L N
L O D M C B I N B C I B G R A T L
A N Y A S N O B I M I N R P E I O
U D N E G O L U M T I O N A V N N
G E A L K I C I N L N O U E N E E
H R M G N R R J K C G I L S E T I
I I I G B J N S L Y Y L M D B B
N N C U I Y I E O L X E X G R K M
G G Z F L W D R L M K C I U Q S J
B M L J T A I O P R A N C I N G Q
Z E L F V O J C Q U E I M P I S H
U R O W U N V O L D R A D I A N T
M R R S U W J A U N T Y S X L Y U
E Y D K O Y S P E C T A C U L A R
D E T A M I N A D E T I R I P S L
E T E Z E A O K C Y B B U H C U O
```

Cake (pages 166-167)

```
M A R B L E X Y C A R A M E L
I L H L A Y E R F D S D V A E
S M M C A N G L F P S L D P M
S O G S O N I S I A R Y E E O
I N D H S M Z C N B A C C N
S D O O F L E G N A C P A A I
S E O T C V N L L H V P R N C
I S F L C H T T B L C K R P E
P E S C O Z I E G N A R O R B
P E L H C M M F V J H V T A O
I H I C O A D B F L Z W V L I
M C V R N N Z M N O E X E I Z
U G E Z U G E U L M N V L N G
D R D C T T L R G N I D D E W
V E L D R M P C A L P P D E R
E G Y U A E P N L E M N T L R
T N G G X M A N G O P I R T T
P O U N D N H M S Q U N L R R
Y P H W A L N U T R G P L U M
P S C B L A C K F O R E S T Y
```

December 31 (pages 170-171)

```
V R I Y B U L C V W W O A D V K J
T R X Z D G N I G N I S U D O D N
F M D C B N M C V K T N E V E O A
C S J S R E Z I T E P P A R I N Q
I C N E Z G D E L S I J E T I L N
M O K I W L E F V J Z T I G Q V V
L N X U I A S U K A T D H W P X G
S F A D S M S X T I A T F D T O A
L E L L H O E X L R C B A S H D M
I T E J F R R G T L G K X W D B E
A T R Y Y O D C U D A N E D C F S
T I D D C U R B H R R O I O D A K
K D U A J S R M A A B N U N T J X
C I S X N X E O A N M N E T E L O
O N L R B C K A A L T P I W A V D
C I B D A E I S J D P R A U L T E
I N B U F E R N O N E A N G J D X
L G B H B U J Y W G K W N R G N N U
K L O L O Q N G F Z A M I T T E T
R B E H G A T H E R I N G Y Y B C
```